语言智能场景下
开放课堂学习行为语义分析研究

周　楠◎著

光明日报出版社

图书在版编目（CIP）数据

语言智能场景下开放课堂学习行为语义分析研究 /
周楠著 . -- 北京：光明日报出版社，2024.8. -- ISBN
978 - 7 - 5194 - 8253 - 4

Ⅰ. G424.21

中国国家版本馆 CIP 数据核字第 2024K85Y80 号

语言智能场景下开放课堂学习行为语义分析研究
YUYAN ZHINENG CHANGJINGXIA KAIFANG KETANG XUEXI XINGWEI
YUYI FENXI YANJIU

著　者：周　楠

责任编辑：许　怡　　　　　　　责任校对：王　娟　李海慧
封面设计：中联华文　　　　　　责任印制：曹　净

出版发行：光明日报出版社

地　　址：北京市西城区永安路 106 号，100050

电　　话：010-63169890（咨询），010-63131930（邮购）

传　　真：010-63131930

网　　址：http://book.gmw.cn

E - mail：gmrbcbs@gmw.cn

法律顾问：北京市兰台律师事务所龚柳方律师

印　　刷：三河市华东印刷有限公司

装　　订：三河市华东印刷有限公司

本书如有破损、缺页、装订错误，请与本社联系调换，电话：010-63131930

开　　本：170mm×240mm

字　　数：205 千字　　　　　　印　　张：15.5

版　　次：2025 年 3 月第 1 版　　印　　次：2025 年 3 月第 1 次印刷

书　　号：ISBN 978 - 7 - 5194 - 8253 - 4

定　　价：95.00 元

前　言

人工智能时代的到来推动开放课堂大规模普及，产生了大量的、复杂的、非结构化的学习行为数据，其中蕴含了很多代表学习行为特点的行为语义。基于语言智能技术挖掘分析行为语义，支持和优化教育教学，是当前的一个研究热点。很多学者基于开放课堂对学习行为进行了研究，取得了一定成果。然而，这些研究或从动作或从声音或从表情等单一模态开展，并且分析方法不够完善，局限性较强，分析结果很难全面体现学生的学习行为状态。学习行为是复杂的，涉及动作、声音、表情等各方面，因此从多模态角度开展学习行为语义分析显得十分必要。本书的撰写目的是利用语言智能相关多模态理论和关键技术提供的多模态智能分析方法，探索开放课堂学习行为语义分析的新方法新路径，以期对国内语言智能学科发展、教育技术的理念创新和应用研究有所启发。

本书是一部系统的语言智能理论和应用研究著作，研究以语言智能场景下的开放课堂为依托，充分利用其为学习行为多模态语义分析提供的环境支持，通过语言智能技术手段实现了对开放课堂中的线下在线学生行为所包含的语义信息分析，开展教学效果满意度评价实证，实证结果表明本书提出的方法相比传统评价方法更为客观高效。

本书共分为七个章节。第一章以大量的研究性文献为参考，对语言智能、开放课堂研究领域的重要文献加以分析，阐明研究背景、研究基础和研究意义，总体阐述本书的研究思路和研究内容。

　　第二章对本书涉及的行为语义、学习行为语义、学习行为语义分析等基本概念进行界定，并立足语言智能视角对深度学习、多模态语义分析等研究所要应用的理论和技术进行了介绍，打造理论支撑。

　　第三章在梳理语音、视频（表情、动作）、文本等模态特征提取和融合研究进展的基础上，围绕多模态语义分析存在的深度挖掘模态关联关系、互补信息不易，去除冗余和噪声困难等问题，基于语言智能场景下的开放课堂选取包含语音、视频、文本等行为信息提出一种学习行为语义特征提取与融合 LBFEFM 方法，该方法通过选取合适的语言智能技术工具进行特征提取，获得音频文本语义特征、视频文本语义特征、文本特征等特征表达形式，再使用文本向量工具生成文本向量特征表示，并选取特征拼接和加权求和等方式进行特征融合，充分反映学习行为语义特征，为后续工作提供研究基础。

　　第四章首先利用语言智能技术建立了一种全新的多模态学习行为情感语义标注体系，并以此为基础提出了一种多模态学习行为情感语义库智能建设 MCMESD 方法，通过对比实验表明，本书提出的智能标注体系及 MCMESD 方法在提高学习行为情感识别准确率、降低错误率等方面表现出色，证明了其在多模态情感语义库建设中的重要作用。

　　第五章提出了一种基于深度学习的线下学习行为语义分析 LBROV 方法。首先，该方法采用 SSH 算法与 FaceNet 算法相结合的方法实现对课堂中的学生人脸检测和身份识别；其次，采用 CNN 方法实现学生人脸表情识别，采用 3D ConvNet 方法实现学生身体姿态识别，采用 BiLSTM 与 CNN 相融合的方法实现学生学习行为的语音识别；最后，通过学生表情、姿态和语音行为融合实现线下学生多模态的学习行为语义识别。通过教学效果满意度评价对比实验和实证分析，得出 LBROV 方法学习行为识别效果良好，在课程教学效果满意度评价中与多主体教学评价方法相比更客观、快速有效。

　　第六章提出了一种基于语言智能场景的多模态在线学习行为语义分析 DLSS-OLB 方法，该方法基于 ALBERT、BiLSTM 和 CRF 等多种深度学习模型相结合构建行为情感语义分析模型，并构建情感信息标注体系，同时开展在线课程实体和教学知识点情感语义类型分析，最后提出一种教学效果满意度评价模型。通过实证分析表明，DLSS-OLB 方法在在线课堂学习行为情感分析效果良好，且与传统方法相比，DLSS-OLB 方法不仅在评价效果方面与传统方法基本一致，而且效率更高、更为客观。

第七章在总结成果和不足的基础上，展望了今后的研究方向，认为综合开放课堂线下和在线学习行为的语言智能环境构建、基于生成式人工智能语义资源供给的创新生成、教育专用领域的行为语义识别模型构建等方面的研究是未来发展方向。

本书通过七章内容的论述，按照"提出问题——分析问题——解决问题"的思路，以回答"如何开展开放课堂学习行为语义分析"这一问题为起点，以语言智能场景下学生线下、在线学习过程中的学习行为特征为研究内容，把基于深度学习的特征融合作为理论基础，根据开放课堂学生行为语义特点，构建了语言智能场景下开放课堂学习行为语义特征理论分析框架，开发了相应模型，并通过实证研究证明了相关方法准确率较高、应用性较强，为语言智能理论和技术在智能教育领域的深度应用提供了有力参考。

本书能够顺利地完成写作、翻译、编辑和出版工作，有赖于各方人士的大力支持和鼓励，作者在此表示衷心的感谢。特别要感谢国家语委中国语言智能研究中心为本书研究提供的科研平台，感谢北京开放大学为本书研究提供的实证平台，感谢光明日报出版社编辑老师和所有工作人员的帮助与支持。由于语言智能技术更新迭代迅速，本书在撰写过程中难免疏漏，恳请诸位读者、师友批评指正。

周楠
2024 年 6 月于北京

目　录
CONTENTS

第1章

绪　论

1.1　研究背景

语言智能是人工智能皇冠上的明珠[①]，是未来科技的发展方向之一，以 ChatGPT 为代表的生成式人工智能的出现更是加速了这种趋势；开放课堂是当前教育的新形态，是智慧时代所呼唤的与时代相匹配的新教育，两者相结合提供了未来教育发展的新思路。近年来，开放课堂迅速普及，特别是新冠疫情的突然暴发，促使开放教育获得进一步蓬勃发展，越来越多的高等院校、中小学、培训机构开始使用开放教育课堂进行授课，有力推动了教育智能化发展。开放课堂在大规模普及的同时，不可避免产生大量的、复杂的、非结构化的学生学习行为数据，这些数据中蕴含了很多代表学生学习行为特点的行为语义。如何挖掘分析学习行为语义，支持和优化教育教学，相关研究已经成为当前的热点之一。很多学者基于开放课堂对学生学习行为进行了研究，取得了一定成果。然而，这些研究或从动作或从声音或从表情等单一

[①] 周建设，张凯，罗茵，等．语言智能评测理论研究与技术应用：以英语作文智能评测系统为例［J］．语言战略研究，2017，2（5）：12-19.

1

模态开展，并且分析方法不够完善，多采用专家评审、问卷调查等方法，分析结果很难全面体现学生的学习行为状态，具有一定的局限性。学习行为是复杂的，涉及动作、声音、表情等方方面面，因此从多模态角度开展学习行为语义分析显得十分必要，而基于语言智能相关多模态理论和关键技术提供的多模态智能分析方法，能够很好地解决这方面的问题。

　　学习行为分析的本质是基于开放课堂场景的多模态语义分析（简称多模态智能分析），无论是基于人脸表情、人体行为、语音交流等学生线下学习行为分析，还是基于网络动作和文本的学生在线学习行为分析，均可以通过计算机技术将该类行为处理成数据，然后利用不同的语言智能分析技术实现数据在"语义"层面可被理解。多模态智能分析在复杂环境下，能够充分利用语言智能技术推理和揭示学习行为特征，优化学生学习体验，促进学生高效学习，能够有效激发人类对"什么是学习"这个课题的崭新认识。利用多模态智能分析推进开放课堂教学效果提升具有一定先进性：一是多模态智能分析更加符合人类交流习惯。人类在交流中往往使用多种形态来表达自己的意图和情绪，如面部表情、语言声调、肢体动作等，多种形态的交流相互补充，共同构成了丰富的交流方式。教育传播当然也属此列，教师授课和师生互动同样需要通过多种形态进行传达。二是将客观世界和数字世界链接起来进行建模是发展趋势，将贯穿两者的学习交互相联系，能够有效促进学习机理的分析。基于语言智能的开放课堂学生行为进行多模态智能分析，基于音视频、文本、网络动作等开展语义理解，掌握学生学习状态，是语言智能在教育领域应用发展的一个重要方面，目前相关研究仍处于空白状态。本研究基于以上观点开展学习行为语义分析，构建多模态智能分析模型，开展教学效果满意度评价，对支持和优化基于开放课堂的教育教学、提升教学效果，具有重要的意义。

1.2 国内外研究现状综述

1.2.1 语言智能的发展

计算资源的提升和深度学习算法的进步推动了人工智能和计算机科学领域的快速发展，也催生、促进了语言智能学科。语言智能（Language Intelligence，LI）研究人类语言与机器语言之间的同构关系，同构关系是指结构关系的一致性。人类语言与机器语言之间的同构关系表现在意识层级和符号层级两个方面。① 意识层级涉及心智领域，符号层级涉及物质领域。因此，语言智能研究包括脑语智能和计算智能两个领域。脑语智能研究主要借鉴仿生学原理，重点在于构建面向计算的自然语言模型。计算智能研究利用自然语言处理（Natural Language Processing，NLP）的技术和语言大数据，设计算法和开发技术，将自然语言模型转化为机器类人语言，最终实现机器写作、翻译、测评以及人机语言交互。总体来看，计算智能研究更受当前主流追捧，特别是 ChatGPT 等生成式人工智能（Artificial Intelligence Generated Content，AIGC）类工具的出现和发展助推了这种趋势②，本研究主要基于计算智能开展学生学习行为研究。

1.2.1.1 国外发展现状

国外对语言智能的研究和应用起步较早。目前，国外语言智能的应用研

---

① 张凯，薛嗣媛，周建设. 语言智能技术发展与语言数据治理技术模式构建［J］. 语言战略研究，2022，7（4）：35-48.
② 刘伟. 人机融合智能的若干问题探讨［J］. 人民论坛·学术前沿，2023（14）：66-75.

究主要集中在语言技术与自然语言处理，如美国卡内基梅隆大学，其计算机学院设立了语言技术研究所（Institute of Language Technology）；斯坦福大学设立了人工智能实验室，成立了专门 NLP 研究小组；麻省理工学院依托计算机科学与人工智能实验室，专门设立人机互动机器人学等研究领域；爱丁堡大学设有语言认知和计算研究所（Institute of Language, Cognition and Computation）；马里兰大学（University of Maryland at College Park）设立了计算语言学（Computational Linguistics），以及信息处理实验室；宾夕法尼亚大学设立了自然语言处理研究所等。①

美国在语言智能的研究最早是在军事领域，很早就启动了语言智能处理的项目，取得了一些成果，且语言智能的研究属于比较领先的地位。如自 20 世纪 60 年代起，美国国防部高级研究计划局就持续不断地设立有关语言智能的研究项目，为军队解决关键技术和核心技术②——20 世纪 70 年代初，设立语音理解项目（Speech Understanding Research，SUR）③，主要用于支持多个研究机构采用不同的方法进行语音识别研究，主要参与者是卡耐基梅隆大学以及雷神贝氏网络公司等，其提出的 Hearsay-II 技术采用并行异步过程，将人讲话内容进行零碎化处理，具有前瞻性；提出的 HWIM 技术通过庞大的词汇解码处理复杂的语音逻辑规则来提高词汇识别的准确率。到了 20 世纪 80 年代，开始采用统计学的方法，开发了 Sphinx、BYBLOS、DECIPHER 等一系列语音识别系统，实现整句连续语音识别。④ 1989 年，设立大词汇连续

---

① 陶永，刘海涛，王田苗，等．我国服务机器人技术研究进展与产业化发展趋势 [J]．机械工程学报，2022，58（18）：56-74.

② 梁晓波．美国国防语言能力人工智能建设 [J]．上海师范大学学报（哲学社会科学版），2021，50（2）：123-134.

③ YING, HUANG, BO, et al. DARPA 人工智能技术研究情况一览 [J]. Chemosphere, 2019，1：3-13.

④ 梁晓波．美国国防语言能力人工智能建设 [J]．上海师范大学学报（哲学社会科学版），2021，50（2）：123-134.

语音识别项目（Large Vocabulary Continuous Speech Recognition, LVCSR）①，主要用于启动和举办大词汇连续语音识别竞赛项目，邀请全球范围内的教育机构、研究机构和人员，为实际生活中有较高难度的语言活动的理解展开研究，通过竞赛形式，寻找最有实力和创意的解决方案。10年后，跨语言信息检测、抽取和摘要（Translingual Information Detection, Extraction, and Summarization, TIDES）项目成立②，旨在开发高级的语言处理技术以自动处理和理解多样化的人类语言数据，尤其是使英语使用者不受语种和媒介的限制快速获取和理解非英语信息中的关键内容，重点语种为阿拉伯语和汉语。2009年，设立语音识别与机器翻译项目（Speech and Language and Language Translation, SALT）③，用于解决美国空军在面对全球地区和国家的反恐、人道主义救援、联军联合行动、海外内部防务行动中，语言专家与翻译人员不够、分析和理解能力不足等问题。项目综合运用自动语音识别、机器翻译、自然语言处理、语音合成以及其他语言技术，帮助军方实现对相应情景的理解和预期，其最终表现为文本和语音的自动识别和翻译。2018年，设立知识导向的人工智能推理图式（Knowledge-directed Artificial Intelligence Reasoning Over Schemas, KAIROS）④，通过语言信息，建立语言推理和常识推理检测、分类，从大数据中创建多媒体信息中的图式。

2022年年底，ChatGPT横空出世，是语言智能领域的一大突破。ChatGPT

① 梁晓波. 美国国防语言能力人工智能建设［J］. 上海师范大学学报（哲学社会科学版），2021, 50（2）：123-134；俞栋，邓力，俞凯，等. 人工智能［M］. 北京：电子工业出版社，2020：554.

② 曹蓉，黄金柱，易绵竹. 信息检索：DARPA人类语言技术研究的最终指向［J］. 山东大学学报（理学版），2016, 51（9）：11-17, 35.

③ YOUNG K M, GWINNUP J N, ORE B M, et al. Speech and language and language translation（SALT）［J］. Speech & Language & Language Translation, 2012.

④ 梁晓波. 美国国防语言能力人工智能建设［J］. 上海师范大学学报（哲学社会科学版），2021, 50（2）：123-134.

是一款基于生成式人工智能的自然语言处理工具，由美国人工智能研究实验室 OpenAI 于 2022 年 11 月 30 日推出，使用 Transformer 神经网络架构，具有语言理解和文本生成能力。[①] ChatGPT 类似一种聊天机器人，可以通过学习和理解人类语言与人类进行对话，能够根据对话的背景回答问题，就像人类在与人类聊天和交流时所做的一样。[②]

1.2.1.2 国内发展现状

周建设教授是国内语言智能学科的提出者和奠基人，他提出语言智能是一种基于语言和文字信息技术的创新发展产物，基于人脑的生理特性、语音认知途径、语义生成规律等，主要利用大数据和人工智能技术对语言信息进行注释、提取、处理、存储和分析，以构建人机语义同构关系，实现机器般的语音行为，[③] 例如机器说话、写作、翻译和评测等，最终实现人机之间的语言交互。语言智能的研究应该兼顾类脑智能和计算智能两个方面。从语言智能的角度研究类脑智能，需要深入研究言语神经元特性、神经回路和大脑功能以及神经元运作的生理属性等，探索人脑对语言符号的加工、记忆、联结、言语情感激发和言语输出规律，同时研究言语活动的问题和言语障碍治理等。从人脑的角度研究语言智能的难度很大，需要多学科交叉协同攻关，例如生命科学、脑科学、认知科学、心理学、医学和语言学等。从计算的角度研究语言智能，需要研究语言的语音处理、符号标注、文字识别、句子生成、语块叠加、篇章生成、语义分析、语言理解、情感计算、机器翻译和语言测评等方面。研究难点主要在于语义分析和情感计算方面。语义分析需要解决静态语义多义素选择和动态语义不确定性计算等难题，而情感计算需要

---

① 康红叶 . ChatGPT 与中国少儿期刊未来创新发展［J］. 传媒论坛，2023，6（6）：21-23.

② 朱光辉，王喜文 . ChatGPT 的运行模式、关键技术及未来图景［J］. 新疆师范大学学报（哲学社会科学版），2023，44（4）：113-122.

③ 周建设 . 加快科技创新攻关语言智能［N］. 人民日报，2020-12-21（19）.

对多样态语音、个性化文字、面部表情表征粒度以及脑电心电反应特征等多模态数据进行结构化处理和精准计算。

近 10 年，我国高度关注语言智能的应用与研究，语音识别、语音合成、机器翻译、智能批改等各领域的相关研究和应用得到全面发展，取得了不少突破，甚至在一些领域取得了一定优势。比如，在机器翻译领域，包括百度在内的多家国内公司和高校科研团队在中文相关翻译上取得了领先水平。又如，在语义识别和语音合成领域，科大讯飞公司的相关技术即便在国际领域也处于领先水平。国家、行业和地方相继建立了语言智能研究平台，促使我国语言智能研究与学科建设具备了一定的基础。如北京市语委批准成立的"北京语言智能协同研究院"经过 10 年的发展，在智能阅读、智能写作、智能评测等方面取得了重要突破，一些开创性研究成果在我国智能教育史上具有里程碑式的意义：2016 年获批国内首个语言智能博士培养方向，2017 年获北京市科学技术奖二等奖，2018 年获中国产学研合作促进奖，2019 年获吴文俊人工智能科技进步一等奖，2020 年获批国家新一代人工智能重大科技项目，同年入选获教育部落实"双减"十大典型案例，2021 年广西大学将智能中心成果用于写作教学获省级一流课程，2022 年 7 月湖南第一师范学院将智能中心成果指导基础教育获湖南省第五届教育教学成果特等奖。2023 年 3 月，为应对 ChatGPT、百度发布 AIGC 类工具"文心一言"，它可以理解和生成文本、图片、音频和视频等多种形式的内容，并且具备跨模态、跨语言的深度语义理解与生成能力。①

目前，国内外对语言智能的理解和应用，主要集中在智能语言处理技术层面，但语言智能不应该仅仅局限于语言技术的层面，无论是人的智能（Human Intelligence，HI）还是人工智能（Artificial Intelligence，AI），都涉

---

① 于文轩，马亮，王佃利，等 ."新一代人工智能技术 ChatGPT 的应用与规制"笔谈 [J]. 广西师范大学学报（哲学社会科学版），2023，59（2）：28-53.

及语言处理的问题，智能的问题应该是知识的获取、处理和应用的过程。特别是近年来，随着技术的进步，人类行为识别和语义分析作为计算机机器视觉和 NLP 交叉领域研究，已经成为一个热点，同样也是语言智能学科的一个研究重点。本研究在语言智能场景理解学习行为语义，也会涉及认知心理学、认知神经科学这两个领域。

总体来说，语言智能在很多方面都卓有成效，如语音识别、文本生成、机器翻译、作文批改等，但在智能教育方面，涉及文本、图象、视频和动作等多模态学习行为分析，相关研究仍处于初步研究阶段，本研究试图引用语言智能相关理论、关键技术和方法，进一步拓展语言智能在智能开放教育领域的场景应用。

1.2.2 开放课堂研究现状

开放课堂的思想可以追溯到苏格拉底时代，卢梭、杜威、布鲁纳等提出的主张也为其奠定了思想理论基础。[①] 1970 年左右，批判教学论开始在教育学领域涌现，该理论着重强调教学应该保持相当程度的开放性。1969 年，Cohn 创建了以话题探讨为核心的"课堂讨论"和"开放课堂"两种理论模态。[②] 随后，相关理论逐步向我国引进，推动了我国开放课堂的形成和发展，而随着信息技术的不断发展突破，开放课堂教学通过教学方式改革等，有效推动了国内教学效果的不断完善。

1.2.2.1 信息化时代的开放课堂

信息化时代推动教育领域产生了翻天覆地的变化，以先进信息技术与教育教学融合为标志，各大信息化平台通过提供丰富资源、先进技术支持以及

---

① 宋秋前. 美国开放课堂理论和实践概述 [J]. 江西教育科研, 1998 (5)：56-58.
② 赵云峰. 从一维集中走向多元发散：数学"自主开放式"教学的案例研究 [J]. 上海教育科研, 2008 (7)：81-82.

广大受众，有效促成了开放课堂教学的顺利开展。一个全面的数据库、海量的学习资源、个性化的自媒体等为学生提供了更有针对性和多样性的自主探索性学习渠道，也为开放教育教学提供了积极的实施策略。[①] 就国内而言，从近年来的计算机软硬件发展，我国电子信息设备已经具有很高的普及率，各大中小院校基本能满足学生电脑上网的需求；各学校教育网络系统经过多年的积累，已经存储了许多具有自身特色的，能够满足发展需求的教育资源，诸如教学音视频、在线课程等，且这些在线教育资源通过低成本和操作简便的方式，培养了学生的国际视野和创新能力，为开放式课堂教学的实施创造了有利的先决条件。而随着人工智能、大数据和高宽带网络技术的不断发展，越来越多的高校开始尝试将这些先进技术融入教育教学中，如利用人工智能技术进行个性化推荐、智能辅导等，可以帮助学生更好地掌握知识；而通过互联网技术实现远程教育、在线授课等方式，则可以让更多的学生受益于优质的教育资源。2015 年，教育部《关于加强高等学校在线开放课程建设应用与管理的意见》明确提出采取"高校主体、政府支持、社会参与"的方式，构建有中国特色的在线开放课程体系和公共服务平台。[②] 整体看来，现在国内的学生主体已经基本为"00 后"，他们的成长伴随着科技信息化的巨大飞跃，较能适应基于在线课程、开放课堂环境的学习方法和模式。

1.2.2.2　开放课堂的特点

与传统课堂相比较，开放课堂具有以下特点，见表 1-1：

① 郭哲，张晶."互联网+"视域下开放式课堂教学改革的困境与破局 [J]. 现代教育技术，2021，31（8）：85-91.

② 中华人民共和国教育部. 教育部关于加强高等学校在线开放课程建设应用与管理的意见 [EB/OL]. 中华人民共和国教育部，2015-04-16.

表1-1 开放课堂的特点

区别	开放课堂	传统课堂
教学思维	教师要对学生的状况进行更深层次的剖析，了解学生的身体和心理发展的特征与规律，对学生的动机、情绪等相关因素给予更多的关注，更好地站在学生的立场上来推动教学工作	更多是站在教师个人的立场上，很少去关注学生的状况，只是把学生看作一个被动地接受教育的客体
教学内容	教学知识不仅限于教科书，还能不断地融入新的知识、理论、观念，来充实自己的教学内容。在教学过程中，教师可依据教育目的，进行跨学科的知识与技能的传授	传授的都是教科书上的知识，通常都不会给学生讲课本之外的东西
教学手段	重视现代技术手段的运用，能够把最新的科技成果运用到教学过程中	一般忽视技术手段的使用，仅局限于课本知识的传授
教学评价	教师对学生进行评估的过程中，注重对学生的智力进行开发，培养他们的创新思维能力，培养他们主动学习和终身发展必不可少的能力。在评估方法的使用上，不仅限于对个人的评估，还能利用科技手段进行综合的评估	通常以教师讲授教科书知识为主要内容；评估手段单一，以个人评估为主
教学关系	强调以学生为本的课堂教学，提倡以教师之"教"强化学生之"学"，以学生之"学"促"教"之提高	教师是课堂的绝对主导

综上所述，开放课堂与传统课堂相比，在教学距离、教学时间和教学规模等方面具有无可比拟的优势，但是如何了解学生的学习状态、提升教学效果和开展个性化教学方面需要开展进一步的研究。

1.2.3 学习行为语义分析研究现状

学生学习行为语义分析是基于语言学行为语义的视角，通过系统观察、记录、评价学生学习行为的过程，了解学生学习行为的特点和表现，例如学习目标、学习内容、学习方式等，研究学生学习行为与学习成效之间的关系，探讨学习行为对学习成效的影响。而根据开放课堂特点，开放课堂中的学生学习行为分为在线学习行为和线下学习行为两种。

学生线下学习行为是指学生在非网络或非在线环境进行学习时被检测到的表情、动作、语音等体现学习活动的人体行为。这些学习活动基本与传统课堂的学生学习活动的性质没有区别，但有别于传统课堂仅能依靠教师对这些学习活动进行观察和干预，开放课堂环境下能够依托各类监测设备对这些学习行为进行监控和识别，能够掌握传统课堂很难观察到的学习信号，有效实现传统课堂很难实现的高效率监控和学生行为引导，为分析和提高学生学习效果打下基础。一般来说，线下课堂通过视频传感器采集课堂教学视频，捕捉学生的线下学习行为，而根据当前的技术方法现状，一般用到人脸检测和识别、人脸表情识别、人体行为识别、语音识别等技术。

学生在线学习行为，是指学生在使用计算机、移动设备或互联网等在线学习平台时记录的登录、浏览、互动、检索和评估等各种可追溯的活动。① 学生在线学习行为能够相对真实地反映学生在线学习的过程，因此一直以来都受到相关领域学者的重视。在线学习行为与学习效果有着紧密的联系，在线学习行为可以作为预测学生学习效果的重要体现。对在线学习行为的强力监控可以有效引导学生开展有益的学习行为，从而提升学生的学习效果。在线学习行为可以分为学习动作和文本。

在线学习动作，一般是指学生被记录下来的非文本行为，例如网络登录、浏览点击、在线时长等。早期学者通过文献分析、访谈调查、在线调研等方式，获得学生的在线学习动作，再通过数理分析得出一定结论。但是，这样的方式存在很大的主观性，且会耗费相当大的时间和精力，且得出的结

---

① 石磊，程罡，李超，等. 大规模私有型在线课程学习行为及其影响因素研究：以国家开放大学网络课程学习为例 [J]. 中国远程教育，2017（4）：23-32，80.

论不一定能揭示学习行为的相关性。随着在线学习平台的发展，特别是开放课堂的普及，在线系统目前基本均具备数据记录和分析功能，学者开始依托平台数据开展更加方便的学生在线学习行为分析研究。

有的学者从学生努力程度出发考查学生的时间管理情况，如 Lin 等①对影响在线学习的关键因素进行分析，最终得到八个影响因子，学习时间管理是其中的关键因素之一。Lynch 等②指出学生的自我调节能力，特别是他们的时间管理策略，是驱动正常参与在线学习活动的隐性心理特征，会导致高绩效。Carver 等③对 167 名研究生在 9 门在线课程中的学习数据进行分析，以了解学生的学习成绩与其在课程各个模块中所花时间之间是否存在关系，并发现学生在同步在线会话中所花时间越长，考试成绩更好的可能性越大，但是学习总时长、课件/教学视频学习时长、学习资源学习时长与考试成绩之间不存在这样的关系。Joo 等④在研究中发现学生在线学习中的表现受其对学习时间的分配和管理情况的影响。随着技术的进一步发展，学者开始使用更加智能的技术，通过构建在线学习行为数据与学习效果之间的关系模型开展分析研究。如冯晓英等⑤设计了在线学习认知水平评价的学习分析模型，以此开展学生在在线课程中的学习行为的研究，尝试探知学习行为背后所体

① LIN C P, ANOL B. Learning online social support: An investigation of network information technology based on UTAUT [J]. Cyberpsychology & Behavior, 2008, 11 (3): 268-272.
② LYNCH J. Higher education [J]. Research & Development, 2008, 27: 301-303.
③ CARVER L, MUHKERJEE K, LUCIO R . Correlation between grades earned and time in online courses [J]. Online Learning, 2017, 21 (4).
④ JOO Y J, SO H J, KIM N H. Examination of relationships among students' self-determination, technology acceptance, satisfaction, and continuance inte-ntion to use K-MOOCs [J]. Computers & Education, 2018, 122: 260-272.
⑤ 冯晓英, 郑勤华, 陈鹏宇 . 学习分析视角下在线认知水平的评价模型研究 [J]. 远程教育杂志, 2016, 34 (6): 39-45.

现的学生认知水平。马婧等①利用学习分析工具开展了基于在线学习平台中学生群体与教师群体学习行为与教学行为的特征及其关系。

总体来说，目前相关研究者对于学生学习行为语义分析采用手动调查和数字化处理比较多，采用手动调查分析存在很大的主观性、耗费时间和精力大，采用学习平台数字化处理能够提升分析效率，但是随着开放课堂的普及和在线系统规模变得越来越庞大，早期的数字化处理越来越跟不上形势，智能化的分析方法研究变得越来越紧迫，其应用也会越来越广阔。

1.3　当前研究存在的问题

目前，语言智能场景下开放课堂学习行为语义分析还有很多待解决的内容，尤其是以下几方面的问题：

（1）学习行为语义分析理论还有待健全。当前的理论层面，虽然很多学者基于语言智能场景提供了一些研究视角，但是还没有在全面梳理语言智能发展脉络基础上，理清语言智能场景下的学习行为语义是什么、学习行为语义有什么、学习行为语义如何分析、行为语义数据库如何建设等相关理论，时代发展需要廓清相关理论基础和发展脉络，同时提出在开放课堂中利用语言智能技术开展学习行为语义分析的框架，推动学习行为语义库建设，对后续学者开展相关理论研究提供参考和借鉴。

（2）学习行为特征提取与融合方法不够成熟。目前，对有价值的开放课堂学生学习行为进行监测和分析，还是一种不太成熟的前沿应用，如何通过

---

① 马婧. 混合教学环境下大学生学习投入影响机制研究：教学行为的视角［J］. 中国远程教育，2020（2）：57-67.

对开放课堂学生学习行为进行细化分类，分别针对性开展特征提取与融合研究，将为学生学习行为综合评价、学习状态测评提供新办法，能够为开放教育学生监测和分析应用提供一种新思路，解决开放教育中教师难以及时了解大规模学生学习状态的问题。

（3）如何融合学习行为特征构建更好的语义分析模型。如何整合开放课堂中有关的视频和音频、学生在线学习文本、学生网络动作等不同类型的学生学习行为数据，并挖掘掌握学生学习行为特征，建立科学的学习行为语义分析模型，是一个研究难点。一是如何形成一种基于多模态的智能分析模型，找出能反映学生学习行为和教师教学行为之间的有机关联；利用数据挖掘算法、关联分析、回归分析、深度学习等技术，对收集到的学生学习行为数据进行分析和预测，据此更加全面、科学地掌握学生真实学习状态，为教师优化教学策略提供可靠依据，从而进一步提高教学效果、优化教学场景。二是如何通过多模态智能分析，对开放课堂中的学习行为建模，了解掌握学生学习行为的影响因素，利用多模态数据的全面性，提高学习行为语义智能分析的精准度。

（4）如何进一步完善教学效果评价办法。当前，针对学生行为的教学效果评价主要是依靠教师的主观评价，系统完善的客观性评价办法相对较少，导致对学生学习行为的整体教学效果评价并不是十分理想。如何在对学生行为开展智能分析的基础上，提出针对性的教学效果评价办法，并相应创建、细化对学生学习行为的评价规则，实现更加科学量化的教学效果评价，是一个很值得研究的领域问题。

1.4　主要研究内容

1.4.1　主要研究内容

由于开放课堂常见的学习模式包含在线学习、线下学习和在线线下混合学习三种方式，其中线下学习行为主要包含学生语音、表情和姿态等数据信息，在线学习行为主要包含学生的网络动作、学习研讨与交互留言文本等数据信息，线下在线学习模态数据差异性较大，其处理的方法明显不同，鉴于此，本研究在开展开放课堂中的学习行为语义分析研究时，将重点从线下行为和在线行为两个方面入手。针对线下行为，将基于人脸表情、语音和人体姿态动作，提取并融合图像和语音特征，以得出线下学习行为特征，并进行深度分析以获取学习行为语义；对于在线行为，将分别对文本行为和网络动作进行语义分析，通过特征提取、融合和深度分析，分别得出基于文本和网络动作的分析结果；为更好提升线下在线学习行为语义分析效率，需要以学习行为语义数据库作为基础。在语义分析之前，我们将提出学习行为情感语义分类标准和自动标注方法，开展学习行为语义数据库建设研究，作为学习行为语义分析的基础，以提升语义分析效率。此外，还将通过教学效果满意度评价进行实证分析和评估评价，以全面掌握开放课堂下学生的学习状态和课堂教学效果。本研究主要包含四个方面内容：一是多模态智能分析的学习行为特征提取与融合研究；二是学习行为多模态情感语义库建设研究；三是基于学生线下学习行为的多模态语义分析研究；四是基于在线学习行为的多模态语义分析研究，如图 1-1 所示，具体如下。

1. 基于多模态智能分析的学习行为语义特征提取与融合研究

围绕开放课堂和传统课堂学习行为的规律和特点，探讨开放课程中学生表情、动作、姿势、学习文本等所呈现出的在学习过程中的具体学习状态以及学习满意度和学习效果等，并结合已有研究中所发现的影响学习行为的因素，具体化到开放课堂中的在线行为和线下行为，由于线下学习主要基于学生的表情、姿态动作和语音等学习行为，而在线课程方式主要有登录、点击网页信息、讨论的留言文本等学习行为，基于此分别提出线下学习的主要行为有表情、动作，在线学习的主要行为有文本、网络动作等，挖掘不同情况对学习行为的影响、表现和关联性，依照语言智能理论开展特征提取研究。

根据特征提取的构建规则，分别对基于音视频的、基于文本的、基于网络动作的学习行为进行特征提取和选择，并在现有研究的基础上，分别提出各自的特征提取和融合方法，为下一步开展学生行为分析和评价打下基础。

2. 学习行为多模态情感语义库建设研究

要掌握学生行为的情感状态，语义库建设是重中之重。目前，学习行为情感语义库建设总体还处于起步阶段，而涉及教育领域的多模态情感语义库建设基本处于空白，很大程度上影响了学习行为语义分析研究的有效开展。

多模态数据库是一个复杂的系统，它不仅采集了语音信息，还可能包括其他类型的数据，如视频、图像等，其通过同时采集两种或两种以上模态的特征信号来建立。建立一个多模态情感语义库能够提供更丰富、更全面的语义信息，有助于更好地理解和研究情感，可以为广大的情感识别研究者提供丰富多样的多模态情感数据。此外，学习行为情感语义库中标注的语料大小和质量与智能分析方法与模型的有效性有很强的相关性。然而，目前的情感语义库主要使用手动标注，数据量小，构建效率相对较低，这对模型和方法的有效性产生了负面影响。因此，建立学习行为情感语义库的主要困难在于其模态单一、构建时间长、构建方法的通用性差、难以适应其他领域。

本研究充分利用语言智能技术，以海量的情感数据为支撑，开展学习行为多模态情感语义库建设方面的研究，以此为基础推进多模态行为语义识别任务，为全面开展学生线下在线学习行为语义分析奠定基础，可以大大加速语言智能的研究进程，因为它将提供更多的数据资源和多种模态信息，使得研究者能够更快地验证他们的理论和模型，从而加快语言智能的发展步伐。

3. 基于学生线下学习行为的多模态语义分析研究

不管是开放课堂还是传统课堂，学生线下学习行为均是学生行为语义的重要体现。传统课堂对学生线下学习行为的理解和识别，主要依靠教师主体自身，效率不高。而与传统课堂教学相比，开放课堂可以利用各类音视频追踪设备，实现对学生线下学习行为的有效自动识别，更有利于开展学习行为分析和研究。

本研究通过开放课堂学习环境和学习平台智能感知学生学习情感与姿态获取语音、表情数据和姿态信息等相关学习行为数据，从中提取学生的学习行为音视频等关键信息，也就是学生的线下学习行为语音和视频；然后基于深度学习相关语言智能图语转换工具，构建智能分析方法，首先实现对视频图像中的学生人脸检测与识别，同时进行学生的表情识别、姿态识别和语音识别等学习行为识别，获取学习行为语义信息，随后在此基础上实现对学生线下学习行为的语义分析，构建教学效果满意度评价模型，开展教学效果评估与反馈。

4. 基于在线学习行为的多模态语义分析研究

基于开放课堂的特点及学生学习的特性，在线学习行为对学习状态的反映越来越显重要。在线学习行为需考虑教师学生互动状态、网络点击行为和学习日志等网络行为，其中的学生学习文本与网络动作是重中之重。本研究基于语言智能文本和动作语义分析工具，分别从文本和网络动作两个方面对学生在线学习行为进行分析，提出学习行为语义，开展教学效果满意度评价研究。

　　作为典型的非结构化数据，文本能真实、直接地反映学生的学习动机、情感态度、学习体验、认知发展等，因此，采用语言智能文本挖掘技术，发现并解释学习者的情感、观点和心理状态等，有助于识别、干预学习者的学习过程和学习效果。本研究基于语言智能的深度学习模型和自注意力机制建立相关分析方法，执行学生在线学习行为文本情感分析任务，得出学生在线文本方面体现出的情感极性；通过对网络点击行为、学习日志、作业完成情况、网络考试成绩等各类在线行为动作与学习状态进行分类和关联性分析，找出网络动作特征；在对上述在线学习特征预处理后采用深度学习和自注意力机制模型进行语言预训练，在此基础上结合文本中蕴含的情感语义引入知识点学习动作获取领域情感分类模型，最后获得学生在线学习行为语义。

　　研究数据主要选取较有代表性的部分院校有关开放课堂和教学平台作为对象，获取基于视频的、基于语音的、基于文本的、基于网络动作的各类模态数据，其中通过上述数据中与学生学习行为相关的课上表情、互动语音、行为动作、搜索行为、学习状态、课程内容、学习时间、留言反馈、交互信息等数据进行分析，结合开放课堂的教学特点，找出与开放课堂中学生学习行为高度关联的数据，据此提炼出开放课堂学生学习行为的一般规律，综合运用基于语言智能相关理论与关键技术，分别提出基于线下和在线学习的行为语义分析方法，并考虑不同模态之间的权重，研究面部表情、人体动作、课堂互动多模态信息的决策层面的权重分层融合分析方法，并进行实证研究，以获取学生的学习状态，分析开放课堂教育资源的形式和内容与学习行为语义之间的相关性，找出开放课堂中学习行为与学习效果之间的关系，以优化开放教育的教学效果。

　　本研究针对当前国内开放课堂学生教学效果难以科学评估的问题，基于庞大的学生行为数据，依托语言智能理论和关键技术，利用数据挖掘和深度学习技术，通过分析学生学习行为的影响因素，构建效果良好的学生学习行为语义智能分析模型，并基于线下、在线两种环境进行实证，以证明其有效性；然后依托开放课堂提出一种语言智能多模态智能分析模型，并研究一套科学合理的教学效果满意度评价模型，实现学生学习效果满意度的科学评价，为改进开放课堂的教学效果提供参考。

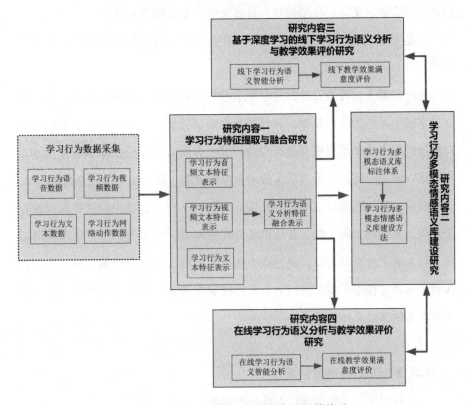

图 1-1　研究内容及各部分内容之间的关系

1.4.2　各部分研究内容之间的逻辑关系

在上述研究内容中，由于影响开放课堂学生学习行为因素非常多，基于在线学习的数据类型、格式等非常复杂，要对其进行准确的梳理与分析是一个非常繁杂的工程，为使相关研究和分析不至于因过于复杂而陷于困境，故而本研究学习行为数据采集与选取以下几方面数据，为学习行为特征提取与融合研究做准备：

一是以典型的开放课堂学习平台为对象，收集和挖掘基于在线学习平台学习过程数据，包括基于学生身份属性、基于学习平台学习行为产生的相关的视频、音频、文本、半结构化、日志文件、点击行为等数据。

二是基于国内开放大学系统线下课堂学生学习过程中采集到的音视频数据。

在此基础上，开展开放课堂学生学习行为影响因素及特征智能分析，建立科学的学习行为分析模型，并开展相应实证分析：一方面可以更为精确地对数据挖掘方法和预测模型进行检验；另一方面对于数据挖掘和建模技术本身不足以解决的问题，可以从实践的角度建立基于科学决策的管理机制。

研究内容的四部分之间的关系构成如图 1-1 所示，其中特征提取与融合是多模态情感语义库、线下在线语义分析的基础，而多模态情感语义库可以作为行为语义分析的支撑，提升线下在线学习行为语义分析的效率，线下在线语义分析过程中产生新的行为语义特征和情感类型可以更新和扩展学习行为多模态情感语义库的建设。

1.4.3　研究特色与创新

本研究成果，主要体现以下特色与创新：

一是将深化语言智能理论，丰富行为语义分析的内涵，通过探索语言智能技术在学生学习行为分析领域的应用，进一步拓展语言智能技术的教育应用范围，提供了新的研究视角和方法。

二是将基于语言智能场景下的开放课堂提出一种学习行为语义特征提取和融合方法，获取音频特征、视频特征、文本特征等相关特征并转换为音频文本特征、视频文本特征、文本特征及对应的文本向量表示，开展学习行为特征融合研究，探索通过上述特征反映学生学习行为语义特征、展现学生整体行为语义的路径。

三是借助语言智能技术设计一种情感语义标注体系，充分考虑情感在不同语境下的多样性，实现对文本情感信息的有效捕捉，据此尝试构建服务于学习行为语义分析的多模态情感语义库，为学习行为语义智能分析的后续研究奠定了基础。

四是考虑线下和在线学习行为数据模态的显著差别，充分利用语言智能理论和关键技术基于线下和在线学习行为分别构建多模态智能分析模型，实现人脸、语音、表情、人体姿态行为以及文本、网络动作等检测和识别，进而开展对学生线下和在线学习过程中的行为语义分析。

1.5　研究思路

本研究属于涉及语言智能、教育学、管理学、自然语言处理等多学科交叉领域的研究范畴，将以实证分析为主，规范研究为辅，为实证研究提供理论支撑，采取这样的研究方法来总体推进研究工作。具体研究思路见图 1-2：

整个研究分为五个阶段：

第一阶段，学生学习行为的特征提取与融合。在开放课堂数据挖掘和特征提取阶段，通过学习环境感知，结合调研、专家经验、过往实验数据建立典型学习行为样本数据，收集开放课堂学习行为相关数据，基于语言智能理论和技术提出可能影响学习行为的因素，并结合已有研究中所发现的影响开放课堂学习行为的因素，分析细化，建立基于音视频的、基于文本的、基于

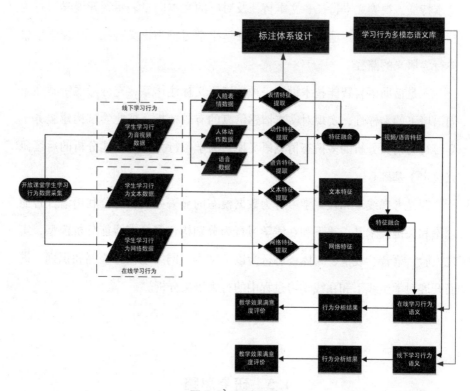

图1-2 研究思路

网络动作的学习行为、学习状态之间的关联，分别研究提出各自的特征提取办法和学习行为特征的融合方法。

第二阶段，学习行为多模态情感语义库建设。该阶段分两个部分，首先基于先验知识的学习行为进行统计，开展学习情感类型分类和学习行为语料智能标注体系的设计，其次基于开放课堂学习行为数据，针对音视频、文本等模态的数据分别运用不同的语言智能算法对其进行标注，包括机器学习、深度学习、自然语言处理等多种技术开展行为多模态情感语义库建设研究。

第三阶段，线下学习行为语义分析。在学习行为多模态情感语义库的支撑下，基于特定的教学环境获取视频、语音信息，使用语言智能相关算法与工具，将基于音视频的面部表情、身体姿态、互动语音等模态信息提取出来，将这些信息组成一个特征向量，也就是进行特征层面的融合，然后输入分类器中，得到基于学生线下学习行为分析结果。

第四阶段，在线学习行为语义分析。在学习行为多模态情感语义库的支撑下，基于开放教育的教学平台获取基于图像、视频、语音、文本、网络动作的学习行为数据，使用语言智能相关深度学习算法与工具，建立学习行为语义智能分析模型，提取特征信息，开展学习行为情感分类，得到基于学生在线学习行为分析结果。

第五阶段，实证分析与教学效果评价。基于语言智能多模态特征融合办法及智能分析方法对学习行为进行实证研究，掌握学生的学习状态，并结合线下与在线课堂特点分别建立基于多模态的教学效果满意度评价模型和实证研究，对多模态学习行为进行教学效果满意评价，并将结果用于学生调整学习行为方式和学习状态，用于教师改善教学环境、教学内容或资源和教学方式，从而提升教学质量和效果。

1.6 研究方法

研究方法体现了某个科研群体或主体特有的观点，它建立在众多的前提、理念、价值取向以及科学活动的基础之上，综合了思辨、创造性思维与具体的研究活动。至今，学习行为语义分析研究领域的研究方法发展出很多，基本与一般性的研究方法保持一致，主要类型即定性研究、定量研究和混合研究等。一般而言，定性研究主要关注非数字化的数据，比如文本和图像的搜集与解读；定量研究侧重于数值数据的收集和分析，通常以数字形式表现；混合研究则综合了定性与定量的研究手段。目前，单纯的定性研究或定量研究通常已经不能满足研究需要，混合研究成为常态。

在进行某项研究时，关键在于设计背后是否有一套明确的研究主题，所使用的研究方法是否适合回答研究中的问题并排除其他可能的答案，之前的研究结果是否得到了充分考虑，是否有确凿的事实和证据，是否有明确的研究发现或结论，以及是否对研究过程进行了清晰的描述，以供后续的验证和评论。这项研究的核心焦点：开放课堂学生学习行为具体的行为语义是什么，语言智能场景下开放课堂学生学习行为包含哪些要素，如何测量语言智能场景下开放课堂学习行为，如何掌握语言智能场景下开放课堂学生学习行为实际状态等。要解决这些问题，既需要定性研究也需要定量研究，因此本研究采取混合研究的方法开展。

1. 行动研究法

在本研究中，依托现有的开放课堂学习平台，综合运用专家咨询法、理论与案例研究，基于语言智能的相关深度学习、智能分析、行为识别等多种研究方法与技术，为构建学习行为智能分析模型提供助力。

2. 基于设计的研究方法

通过开放课堂智能学习平台开展感知数据收集、基于语言智能的学习行为工具分析与设计，提出构建开放课堂学习行为语义分析方法，对具体技术或应用实施进行设计、研发与试点实施，搜集过程和结果数据分析其效果，再进行迭代设计和不断完善。

3. 建模与实证分析

按照理论研究与技术实现相结合的研究方法，以应用需求和问题分析为导向，研究支持智能技术应用的理论基础，提出解决问题的模型、方法与技术，并在开放课堂实践中进行模型有效性的验证。

4. 调查法

从政策层面，通过实施专家咨询法、德尔菲法等，利用智能分析模型提出针对教学环境、平台设计、教育资源和教学方式改进的建设性的政策建议，推动教学部门和教师制定相应的政策和教学改革方法，提升教学质量和教学效果。

1.7 研究伦理

伦理问题是科学研究活动中不可忽视的一部分。一般来说，研究者需要保护被研究者的隐私和个人信息，避免泄露或滥用这些信息，同时也需要确保研究结果不会对被研究者造成伤害或不适，并遵守相关的法律和规定。

在本研究中，首先绝不会有违反相关法律和规定的情况发生，而可能涉及的伦理问题主要在于要完全确保不泄露参与实证的学生的隐私，同时也不会产生其他不利影响。对此，本研究一方面将会在研究开始前通过邮件或电话的方式充分征求参与实证的学生意见，完整准确说明实证的目的及内容范围，获得他们同意后再开展实证；同时，实证前后，将多次向参与实证的学生着重强调研究的可靠性，充分表明相关数据将安全保管，且仅在本研究中使用，绝不会外泄、暴露参与实证的学生的隐私信息；此外，本研究使用的音视频、文本等素材主要用于语言智能场景下开放课堂学生行为语义相关问题的整体分析，且实证产出的图示结果均会进行马赛克遮盖，因此不存在侵犯观察对象隐私的问题，不会波及相关的个人信息，也不存在损害单个人的利益的问题，所有研究结果均不针对单个教师或者学生个体，也不会应用于单个个体的学习分析层面。

第 2 章

语言智能基础概念与学习行为语义分析应用

学习行为语义分析，是通过语言智能技术手段对学生行为包含的语义信息进行分析和理解，掌握其所蕴藏的内涵，有助于把握学生学习状态，提高教学效果。这在传统课堂非常难以实现，这是因为传统课堂缺少数字技术支撑，主要依靠教师自身对学生行为进行监测和分析，而这种监测和分析不仅会因为教师主体的不同而存在很大主观性，更难以避免存在疏漏和局限。而随着开放课堂快速发展，多种学习理论融合，特别是语言智能场景下的开放课堂作为当前前沿的教学模式，为学生行为多模态语义分析提供了有力的环境支持。因此，本章重点介绍学习行为语义概念、特点及相关基础模型，同时阐述语言智能相关前沿技术发展特点和场景应用，以便后续章节能够更好地开展学生学习行为语义分析和相关语言智能关键技术与应用研究。

本章的内容和结构安排如下：在 2.1 和 2.2 节，分别对行为语义、学习行为语义的概念定义进行阐述；在 2.3 节，对语言智能视角下开展语义分析的理论基础进行阐述，介绍学习行为语义分析的理论基础；在 2.4 节，对语言智能场景下开展学习行为语义分析所需的行为特征提取与融合相关的方法进行阐述，介绍学习行为特征提取与融合的技术基础；在 2.5 节，对语言智能涉及的深度学习技术及相关主流模型进行介绍；在 2.6 节，介绍

学习行为语义分析技术在教育领域的实践应用情况；在 2.7 节，对本章进
行总结。

2.1　行为语义

　　行为语义，指的是主体（一般指具体的人，如教师或者学生）的行为中
包含的语义信息。语义与语言高度相关，但并非语言所独有。这是因为，语
义不仅取决于语言本身的结构和规则，还取决于语言使用者的行为和目的，
要理解一个句子或一个话语的意义，就要考虑说话者想要达到什么效果，以
及听话者如何理解和回应。

　　行为语义强调语言是一种动态的、交互的、合作的和推理的过程。动作
和表情也属于行为语义的范畴，因为它们也可以传达一些意义和目的。行为
是潜意识诉说的言语，因此可以说，主体的行为可以视为独特的言语方式，
通过展示各类行为，表达其生命的独特性，反映主体的个性特征。一定程度
上可以理解为，有意义的行为均可视为另一种形式的语言，其一定包含着所
要表达的深层次信息，这些行为所蕴含的深层次信息，也就是行为语义。比
如，行为主体笑了一下，可能是表示友好，或者表示不以为然，或者表示尴
尬，等等。这些都是主体的行为，它们和行为主体表达的信息一起构成了行
为主体之间的语言交流。

　　行为语义并不是由某一个个人或某一个流派提出的，而是由多个哲学家
和语言学家在不同的时间和背景下对语言的使用和意义进行了研究和探讨，
形成的一种语义学观点。行为语义的发展历程与语言学、语义学的发展息息
相关，可以追溯到 20 世纪 50 年代：

以奥地利哲学家维特根斯坦为代表，提出了语言游戏（Language Game）①的概念，强调语言的使用和功能，对传统的真值条件语义学提出了疑问。20世纪50年代末，英国哲学家奥斯汀在维特根斯坦的"语言游戏论"的启示下，提出言语行为理论，后来哲学家塞尔在批判奥斯汀理论的基础上发展和完善了言语行为理论并提出间接言语行为理论，最终使其成为语言学以及学科研究领域中的一个重要理论。② 言语行为理论主张，语言理论本质上应被视为行为理论的分支，语言研究的重点不应当放在单纯的词语和句子本身，而应该是通过词语和句子实现的行为。

斯金纳在其著作《语言行为》一书中，提出了"语言行为"概念（Verbal Behavior）。斯金纳从语言的功能出发，强调语言的沟通功能，重点分析行为主体是如何运用语言进行交流和为什么运用某种语言操作进行交流。他认为，语言是学习的行为，是行为主体与环境互动的结果，他是通过后效关联来习得并加以泛化的，例如，行为主体表达"我要喝水"后，他人将一杯水给那个行为主体，这将强化行为主体以后想喝水时同样做出此种表达的行为；语言行为实际上是行为主体之间的社会互动，因此行为主体之间各种的反应（口语、文字、图片、手势、表情以及肢体动作）均可视作语言行为。虽然乔姆斯基后续发表的关于《语言行为》的书评，猛烈批评了"语言行为"观点，认为语言学习过程绝非如斯金纳所言的简单"刺激—反应"③，但不可否认"语言行为"观点仍旧非常重要。④

上述概念可视为行为语义理论概念的源头。

① 胡春阳. 传播的话语分析理论［D］. 上海：复旦大学, 2005.

② 赵毅衡. 广义叙述学［M］. 成都：四川大学出版社, 2013：341.

③ 肖亮荣. 从间接言语行为理论看 Searle 的语言哲学观［J］. 山东外语教学, 2000 (3)：11-14.

④ 芮渝萍. 二十世纪外语教学理论的发展脉络［J］. 宁波大学学报（人文科学版）, 1997 (1)：20-26.

2.2 学习行为语义基本概念

2.2.1 学习的基本概念及主要理论

2.2.1.1 学习的基本概念

人类围绕"学习"这个概念开展有关科学研究已经很长时间了，最开始的研究可以追溯到古希腊的认识论。最早将学习纳入系统认识论的是柏拉图，与前人对学习认识不同，与将学习定义为对外部知识的接受相反，他将学习理论发展为回忆，将学习认为是已经完成的认知的集合，与"纯粹的回忆"相对应；亚里士多德除了认为"先见"是学习的一个组成部分之外，还将推理作为学习的一部分，而他拒绝在先天思想的基础上的先见之明，认为学习的过程必须从感性事物的本质入手，并提出学习者必须相信教师，这与在教学情境中强调学习的接受性相对应。① 发展到中世纪哲学，将学习作为知识创造的一种方式纳入神学论证是一个主要特征②，所探讨的议题涉及信念与逻辑之间的相互作用、神明的实质存在、认知问题等，在这一背景下，学习被视为对基督教信条真理性的探求。

在现代哲学中，诞生了诸多学派，他们对学习的认识也各不相同，经验主义者认为所有的知识都是基于感知的人类学习的产物。③ 而与经验主义不同，以斯宾诺莎等为代表的理性主义学派认为，在经验中找不到与生俱来的

---

① 张诗雅. 课堂有效学习的指导策略研究［D］. 上海：上海师范大学，2015.

② 李均. 论学习自由［J］. 高等教育研究，2000（3）：15-18.

③ 阿斯平，查普曼，杜永新. 终身学习的哲学思考［J］. 开放教育研究，2013，19（5）：45-62.

思想，这些想法独立于个人的任何经历而存在，它们可能来自人类的结构，也可能独立于大脑而存在。① 赫尔巴特②认为，有效的教学必须从学生认知结构开始，如果新的信息与学生的感知质量（认知结构）不相容，那么它根本就不会被学习——该观点目前仍然是认知心理学及其对学习理解的核心。值得特别强调的是，赫尔巴特于 1806 年推出的《普通教育学》这部著作，奠定了教育学理论框架的基础，学术界普遍将该书的发布视为教育学作为一个学科领域形成的初始时刻和显著里程碑。在 19 世纪下半叶，生理学和实验心理学开始兴起，如赫尔曼·冯·亥姆霍兹也对学习提出了自己的观点，他认为，过去的经验决定了什么能将感觉转化为知觉：关于知觉的现象是后天习得的还是先天习得的争论，亥姆霍兹认为知觉是后天习得的。③ 现代心理学奠基人威廉·詹姆斯在学习研究中的贡献主要是对习惯和本能的区分，他认为行为是可以被经验改变的，而且，他相信在有机体的一生中，新的类似本能的行为模式会发展。④ 而赫尔曼·艾宾浩斯将其系统研究重点放在学习和记忆上，第一次研究学习和记忆的过程是在它们发生时而不是发生后，这一研究推动了心理学出现新的转折。⑤

2.2.1.2 学习的主要理论

20 世纪以来，"学习"一直是教育与心理学领域共同关注的核心议题。人类对"学习"的洞察已经逐渐从推测性的认识转向了科学性的理解，多种学习理论相继出现，推动人类对"学习"现象的洞悉越来越深刻。⑥ 本节内

---

① 施特劳斯，潘戈，叶然. 古典政治理性主义的重生 [M]. 北京：华夏出版社，2011：353.
② 李政涛. 教育学的生命之维 [J]. 教育研究，2004 (4)：33-37.
③ 许良. 亥姆霍兹、赫兹与维特根斯坦哲学 [J]. 复旦学报（社会科学版），1998 (6)：57-61.
④ 刘少杰. 社会学理性选择理论研究 [M]. 北京：中国人民大学出版社，2012：229.
⑤ 马芳，王聿泼. 教育心理学 [M]. 南京：南京大学出版社，2018：264.
⑥ 高小军. 我国高校网络教育学习质量研究 [D]. 上海：华东师范大学，2022.

容回顾了20世纪以来的关键学习理论，旨在对"学习"这一概念进行全面理解。

（1）行为主义学习理论

20世纪初，约翰·华生首先提出了行为主义学习理论，并在此基础上对桑代克和斯金纳进行了总结。① 行为主义认为，学习是由经历而导致的行为改变，是把体验与行动联系起来的一种机能。桑代克引入了一个名为"学习—反应"理论的观点，该观点认为感觉与行为之间存在特定的联结，这些联结会根据行为的发生而得到加强或者减弱。不久之后，斯金纳进一步提出了"操作条件"概念②，即强调在特定的情境中，人们想要的动作会得到加强，而不想要的动作会被削弱。以往的行为学家仅注重于可观测的行动，将事件与行动相关联，将事件的发生视为对该行动的诠释，并且十分重视"强化"在学习过程中的角色，这一概念因其无法解决学习是否需要或是否需要满足的问题而受到批评。行为上的改变并不一定要进行学习。仅仅观察到行为的改变，并不能直接断定学习已经发生，因为并非所有的经验都可以被视为学习过程，同样，也不是所有行为的变化都是由经验所驱动的。

（2）认知主义学习理论③

因为行为论过于注重个体的事情和行动之间的关系，过于依赖外部的行为，并且在解释人的学习行为时，并没有将人的意图和思考的复杂程度考虑进去，乔姆斯基等人对这一理论质疑，掀起了一场"认知革命"，使心理学从行为论转向了认知论。认知主义学习理论强调了信息的核心作用，即所谓的"信息处理"理论，即人的大脑好比一台电脑，通过神经网络来完成问题

---

① 何克抗. 建构主义：革新传统教学的理论基础［J］. 科学课，2003（12）：22-23.
② 谢应宽. B·F·斯金纳强化理论探析［J］. 贵州师范大学学报（自然科学版），2003（1）：110-114.
③ 何克抗. 关于建构主义的教育思想与哲学基础：对建构主义的再认识［J］. 现代远程教育研究，2004（3）：12-16，71.

的求解和决策。在认知理论中，个人的知识就是按照一定的逻辑结构，由教师（专家）向学生精确地传送大量信息。在学习过程中，学生对于学习目标有着和教师一样的思维结构，这是衡量成功与否的尺度。其重点在于图式的转变，即教师向学生的转变。

（3）人本主义学习理论①

该学习理论提出了一种基于个体学习经验与需要的学习模式，即学习是为人的发展而存在的。马斯洛的需求层次理论是最具代表性的，他认为需求层次包含了从最基础的物质需要（食品、水等）来满足自己的需要，也就是人可以最大限度地发挥自己的潜能。卡尔·罗杰斯强调以学生为中心，以经验性学习为核心，注重教师在学生身上对学生进行较强的自我概念、自主决策能力的培养，并对其有较强的自信。在教学过程中，要清楚地了解学生的特定学习需要，把学生看作一个独立的个体，寻找了解他们对世界的认识途径。马斯洛还认为，每一个人都要为自己的学习和他人的学习负责任，并鼓励学生在一个有帮助的、安全的环境中学习，并强调，只有当人的整体（认知、情绪、心理活动）都投入其中，才能取得最佳的学习效果。人本主义理论对以学生为主体的小组学习和以学生为主体的协作学习等教学模式起到了很大的作用。以人为本的学习观强调了学生的自主性。布鲁纳提出的发现式学习思想，约翰·杜威提出的"进步教育"思想，20 世纪 30 年代以来，它的影响日益扩大，人本学习理论也得到了进一步的发展。以上观点的重点是，当学生自己找到学习需要，并能进行自主学习时，学习成绩会更好，学习动机也会更强。

（4）社会学习理论

社会学习理论是基于行为主义与认知主义两种理论的分歧而发展起来的。根据社会学习理论，"强化"对学生的学习起到了至关重要的作用，但

---

① 刘宣文. 人本主义学习理论述评 [J]. 浙江师范大学学报，2002（1）：90-93.

这并非学习的"关键"。个体并不是在学习过程中消极地接受知识。认知—环境—行为三者之间存在着交互作用，也就是说，环境对个体的行为起着重要的作用。换言之，所有的因素，包括个人的行为、环境和个人品质，都是互相作用的。自我效能是班杜拉①提出的社会学习理论的核心内容之一。自我效能是个体对某一任务的把握和执行能力，从而取得良好的效果的一种信仰。自我效能是个体在面对目标、任务、挑战时所表现出来的一种能力。社会学习论与其他学习论最大的不同之处，是它强调并提倡：学习是以观察、模仿、演示为基础。

（5）建构主义学习理论②

该理论是一种以体验为基础，通过对已有经验的思考来建构自己的认知的过程。建构主义主张个体知识的构建，而非单纯传授知识。虽然目前还没有统一的理论，但是大部分的研究者都认为，学习者应该主动地构建他们的知识，并且他们的社会交往在他们的知识结构中起着非常重要的作用。在此基础上，提出了一种以学生为中心，以学生为主体的学习策略，对学生的学习过程进行研究。教师是学生学习的关键，能使学生的思想发生变化，并能及时地为学生提供所需的信息。教师还应该知道学生的先验性，并且在教学设计和提出问题的时候利用这一信息。丹麦学习实验室的克努兹·伊列雷斯教授③基于以往的研究成果，从整体学习角度理论出发，对学习四方面的意义进行了系统归纳：一是把学习看作发生在个人身上的学习成果，主要是指所学到的东西或发生的改变；二是注重在个人的心理活动中，以学习为主；三是注重个体与教材、社会情境的交互作用，尤其是学习交互作用；四是将"学"与"教"相结合。他把学习看作"在生物体内，所有导致持续能力变

---

① 班杜拉. 思想和行动的社会基础［M］. 上海：华东师范大学出版社，2018：188.
② 何克抗. 建构主义：革新传统教学的理论基础［J］. 科学课，2003（12）：22-23.
③ 伊列雷斯. 我们如何学习［M］. 北京：教育科学出版社，2014：12.

化的过程"。

上述理论主要从社会科学领域，特别是心理学领域与教育学领域开展的研究，为学习理论提供了良好的研究基础，但是也存在主观意识较强、无法定量分析等缺点。随着信息技术和人工智能技术的发展，基于大数据环境下的学习理论与技术分析已成为主要研究热点。基于此，本研究基于语言智能环境，将"学习"定义为学习者为了适应信息技术环境下认知能力、行为能力发生了长期性、较大程度优化改变的过程。需要更进一步细化说明的是，本研究中的"学习"，不是宏观场景中的学习，而是处于微观条件下的，某些特定技术场景中的学习，具体为语言智能场景下的开放课堂中的学习者学习活动，这些活动旨在满足个人职业成长、兴趣爱好等方面的需求，是基于语言智能场景下的开放教育环境，学习者通过经验促成的认知或行为能力的持续改变。

2.2.2　学习行为语义

美国学者威尔逊[①]认为，学习行为是学习主体与周围社会环境的互动。我国学者杨开城[②]认为，学习行为是学习主体在某种动机指引下为获得某种学习结果而进行活动的总和。彭文辉等[③]认为，网络学习行为是指学习主体在由现代信息技术所创设的，具有全新沟通机制与丰富资源的学习环境中，开展的远程自主学习行为。

目前，国内外对于课堂学习行为的分类研究还没有形成统一认识。课堂学习行为的分类最早可追溯到弗兰德·斯建立的互动行为分类体系，重点关注课堂上发生的语言互动，依据行为主体和表现划分为教师语言、学生语言

---

①　刘哲雨. 深度学习的探索之路 [M]. 天津：南开大学出版社，2018：196.
②　杨开城，李文光，胡学农. 现代教学设计的理论体系初探 [J]. 中国电化教育，2002（2）：12-18.
③　彭文辉. 网络学习行为分析及建模 [D]. 武汉：华中师范大学，2012.

和沉默三个维度，具体包含十项行为表现；美国在 1999 年设计通用学习行为量表（LBS），将学习行为分为能力动机、学习态度、注意意志及策略与灵活性四个维度。① 我国学者沈毅等②结合我国课堂教学背景，认为课堂观察需考虑学生学习、教师教学、课程性质和课堂文化四个维度，学生学习这一维度包含以下五个视角：准备、倾听、互动、自主和达成。

当前，国际学术界普遍认为，学生的学习行为并非孤立表现出来，而是由多种因素共同作用、相互制约。Margaret③ 对学习行为有关的变量进行了分析和研究，认为学生的学习受到个体、教师、家庭和社会等多种因素的综合作用。在 Dermott④ 的研究中，作者认为，心理因素，如焦虑、注意等，都会对学业表现产生干扰。李小平⑤的研究表明，情绪和意愿是可以通过学习态度来积极地预测学习行为的。付芳⑥从影响的源头出发，提出了学生个体不仅会因为自身生理状况、智力水平、非智力特质影响学习行为，同时还会受到教育内容和周边环境的各类作用。

本研究认为，学习行为是指学习主体出于某种行为动机在开放课堂（某个学习支持平台或者智慧课堂）上开展学习的行为动作、表情动作和课程内容进行的探索动作等行为，从而开展的师生互动与自主学习活动。⑦ 学习行为语义指的是学习主体开展学习过程中的各类学习行为所包含的内在信息表

---

① 郝一双.大学生课堂参与行为分析 [J]. 高等工程教育研究，2007 (6)：131-134.

② 沈毅，林荣凑，吴江林，等.课堂观察框架与工具 [J]. 当代教育科学，2007 (24)：17-21，64.

③ WANG M C，HAERTEL G D，WALBERG H J. What influences learning? A content analysis of review literature [J]. Journal of Educational Research，2015，84（1）：30-43.

④ MCDERMOTT P A. National scales of differential learning behaviors among American children and adolescents [J]. School Psychology Review，1999，28（2）：280.

⑤ 李小平，郭江澜.学习态度与学习行为的相关性研究 [J]. 心理与行为研究，2005 (4)：265-267.

⑥ 付芳.高中生数学课堂学习行为研究 [D]. 武汉：华中师范大学，2015.

⑦ 史新铭.MOOC 中的学习行为研究综述 [J]. 办公自动化，2022，27（8）：60-64.

达，包括动作、情感和动机等。

2.3　学习行为语义分析基本概念

2.3.1　语义分析

语言智能是随着信息化和网络技术的飞速发展而产生的，是自然语言处理技术发展的高级阶段，是人工智能与语言学交叉领域研究，因此它所指的"语言"是信息技术创新发展的时代产物，不是传统意义上的语言和文字，而是更广义的"信息"，其研究对象是包含这些"信息"的各种行为，包括动作、表情和动机等，对这些行为包含的"信息"进行的智能化分析就是基于语言智能的语义分析。

综合的语义研究一直是语言学中的热点和难点，涉及语言语义学、逻辑语义学、语义哲学。周建设教授指出，语义学的基本研究对象包括语义的表达、传递和理解。语义的传递方式主要包括口头和书面传播系统。在语义传递过程中，会涉及信息的省略和重复，以及外部语境对意义传递的影响等问题，这些都对语义传输效果产生影响；文化、习俗、心理和智力等因素也是影响语义传输效果的重要因素。语义的理解是指由语言符号向语言意义的转化，是从语义符号进行破译的过程。① 然而，语义具有领域性特征，不属于任何领域的语义是不存在的，本研究就是语言智能场景下的开放课堂学习行为语义。

---

① 周建设. 语义学的研究对象与学科体系 ［J］. 首都师范大学学报（社会科学版），
　2000（2）：87-92.

在语言智能领域，语义通常指用户对计算机表示所描述的现实世界的理解、解释和表达，即用户与计算机表示之间的联系方式。语义分析是对数据符号的含义的分析。在信息集成领域，数据通常通过模式来组织，并通过模式的作用来访问数据。在这种情况下，语义是指模式元素（例如，类、属性、约束等）的含义。

2.3.2　学习行为语义分析

学习行为语义分析的理论和实践研究有很多，虽然范式各异，但它们的核心问题却是相同的，即都将课堂学习行为的意义、内涵和方式作为研究的焦点。因此，对每一种模式中所蕴含的主导理念进行深度挖掘，是科学地进行该研究的必要前提。

2.3.2.1　实证主义及启示

从古希腊到现在，实证主义是西方思想史上一个反复出现的主题，但是就历史而言，它是与 19 世纪法国哲学家孔德有关，孔德是最先用这个词表达哲学立场的思想家①，他利用科学的方法对行为进行理解和解释，即认为所有真实的知识都源于感觉经验，只有通过观察和实验才能取得进步。随着时代的发展，实证主义的影响力不断提高，影响范围持续拓展，教育、文化等社科领域也开始受其影响。比如，拉伊和梅伊曼在 20 世纪初受实证主义启发，创新构建了一个新的教育学理论体系——实验教育学，并认为"实验教育学将为教育研究与实践工作提供全面的、完整的理论依据，能有效克服传统教育学研究方法所固有的片面性、主观性问题，进而提升教育学研究科学水平，能够为实践工作提供更加科学的指导"②。

---

① 张庆熊. 从"社会物理学"到"人性宗教的社会学"：论孔德实证社会学的内在张力 [J]. 哲学分析，2023，14（5）：57-67，197.
② 王思遥. 教育实证研究的理论依据、争议与去向 [J]. 大学教育科学，2020（5）：12-17.

　　教育实证研究主要涉及以下问题：一是客观性问题，以明确的事实、证据为出发点，从事实中寻求真理，而不受主观因素的影响、制约和误导；二是量化，能够以更加准确、客观的数据信息对相关问题进行分析论述，避免了模糊、笼统的问题；三是明确性，结论明确且清晰，避免模糊不清导致的争议和纠纷；四是可验证性，基于相同的规则和标准，借助同样的研究方法及研究工具能够获得无差异的研究结果。①

　　上述理论带来的启示：智能教育场景下的开放式课堂教学行为语义分析，也有必要将实验和实证相结合，基于理论分析、量化分析，开发出一套能够记录、统计和分析课堂学习行为的系统，从而为开放课堂的学习行为研究提供数据支撑，确保研究更加科学。

2.3.2.2　认知心理学及启示

　　认知心理学产生于 20 世纪中期，强调研究人的内部认知结构，包含两个层面：一是广义的认知心理学，主要探讨人内在心理活动的过程、个体认知的发生和发展，以及对人的心理事件、心理表征、信念等心理活动的研究；二是狭义的认知心理学，是以信息加工理论观点为基础，又称信息加工心理学。② 认知心理学的基本观点：第一，认知活动是人脑处理信息的过程；第二，认知活动是人脑处理符号的过程；第三，认知活动是解决问题的过程。③ 上述理论观点基于不同维度探讨了人类认知活动过程的实质。

　　基于认知心理学的理论，开放课堂学习活动涉及一系列复杂的认知步骤，任何以学生为中心意识的学习动作，均是经过预先决策而采取的行动。在开放课堂教育模式中，决策制定扮演着关键角色，对于随后展开的诸多学习活动具有重要影响。因此，研究开放课堂中的学习行为，不单要观察教师

---

① 梁燕玲. 比较教育实证分析范式的变迁及影响研究 [D]. 重庆：西南大学，2007.
② 李光裕. 评述现代认知心理学 [J]. 云南教育学院学报，1999 (4)：75-79.
③ 戈尔茨坦. 认知心理学 [M]. 5 版. 北京：中国轻工业出版社，2018：60.

与学生之间明显的行为互动，也需深入探究其背后的思考过程。例如，研究学生在学习过程中的认知活动时，可以运用文本分析这一方法，通过文本中蕴含的情感语义，更加全面地了解学生学习行为。

2.3.2.3 教育生态学及启示

教育生态学是一门应用生态学的基本原则和方法来研究教育现象的科学①，起源于 20 世纪 40 年代。生态学的原理与方法被运用于教育研究，还直接导源于它们在心理学特别是有关人类行为研究中的应用。② 1994 年，心理学家勒温发表了一篇《心理生态学》的论文，提出了著名公式 $B = f(P, E)$，其中，B 代表人的行为，P 代表个人，E 代表环境，f 表明行为是人与环境的函数，行为受到人和环境双重因素的共同影响。③

教育情境的广阔范围与复杂形态，是教育生态学的一个研究重点。师丹慧④提出"就微观教育生态，需要考察学校在各种生态环境中作为教育生态系统载体的分布机制；还必须探索教育生态系统中影响教育教学活动和学生身心发展的各种生态环境因素"。而课堂生态系统作为教育生态系统的子系统，课堂生态因子之间相互作用与配合，是达成教师、学生与课堂环境三者之间和谐共生的过程。⑤

基于教育生态学心理学的理论，开放课堂的学习行为语义分析一定要充分考虑课堂的生态效应，因为开放课堂中的学习行为与教学环境存在相互依赖关系，二者之间的互动是课堂教育行为研究的一个关键领域。语言智能环

---

① 朱优红. 教育生态学视野下的高校思想政治理论课课堂生态建构 [D]. 厦门：华侨大学，2013.
② 易芳. 生态心理学之界说 [J]. 心理学探新，2005（2）：12-16.
③ 余嘉云. 生态化教学的理论与实践研究 [D]. 南京：南京师范大学，2006.
④ 师丹慧. 教育生态学视野下薄弱学校的变革：现状与展望 [J]. 当代教育科学，2020（2）：52-58.
⑤ 刘超. 中国健康体育课程模式下体育课堂教学行为分析系统开发与实证研究 [D]. 上海：华东师范大学，2021.

境为分析课堂学习行为提供了一个关键参考，它使得我们能够更清楚地区分并理解不同教学情境中类似学习行为的细微差别，从而更全面、精确和客观地解释课堂教学行为。

当前，实验法、多主体观察法和系统观察法，是对开放课堂学习行为语义开展分析的三种主要方法。而这三种方法各有利弊：首先，实验法虽然可以进行有效验证，但大部分研究是在实验环境中开展的，缺乏实际应用的可能；其次，尽管多主体观察法对学习行为进行评估能够衡量学生在课堂上的自然状态，但也存在方法上的缺陷，如方差分享性不好，不确定性较强，人为夸大相关性等问题；最后，系统化的课堂观察方法作为实验法和多主体观察法的补充，具有较好的科学可靠性，因为教学录像是在现实环境中取得的，因此系统性课堂观测方法能够对特定的课堂时间阶段中一些行为出现的频度和动态发展的进程有一个全面了解。通过系统性的课堂观察，能够为学生的课堂学习行为的外在有效性提供依据，也能为学生的学习提供真实的、具体的例证资料。

2.3.2.4 复杂性理论及启示

法国哲学家埃德加·莫兰[①]在分析了"简约"思维模式的弊端后，提出了"复杂性"的概念，即"复杂"的概念是一个相互关联的，影响并规定着这个世界的复杂概念的总和。复杂性理论的基本观点：第一，在看待世界时，不是用简单的因果模型、线性预测，以及解剖的方法去理解现象，而是代之以有机的、非线性的、整体主义的方法，其所关注的是相互关联网络中的关系；第二，现象必须从整体上来看，将现象分解成若干个变量，进而仅仅关注特定的因子，会忽略不同部分之间必然的动态互动；第三，要从根本上进行改变，不再采用以"加法"的思维方式寻找问题解决的办法，不再从单一视角对问题进行独立研究，而是以一种多样化的、开放式的、系统性的

---

① 莫兰. 复杂性理论与教育问题［M］. 北京：北京大学出版社，2004：9.

思维方式来认识和研究问题的各方面以及不同要素间的相互作用。①

　　著名学者叶澜认为，"教育作为人类生活中的特定再生程序，可能聚集了世间最繁杂的问题"②。而众多的教育实践也充分证明，一些看着简单的教育问题，背后往往牵扯着地域、文化、阶层等一系列超出原本想象的复杂情况，简单化处理这些问题往往难以达到预期目的。这对本研究的启示如下。一方面，学习行为表现多模态特性，学生在构建知识的过程中，动用多种感官系统，包括听、看、动作等，与周围环境进行互动，大脑对这些信息进行整合和内化，最终形成对客观世界全面而深刻的理解。这一过程不仅涉及基础的记忆和认知功能，还包括高阶的思维技能，如分析、评估和创造，从而在学习者心中构筑起一个丰富且连贯的复杂知识网络。另一方面，学习行为涉及教师、学生以及其他教育参与者在知识掌握、技能提升和思维发展等多个层面的相互作用与协作，是一个十分复杂的系统，总体是一个在相关因素综合作用下产生的行为集合，如果只从一个角度来看，就难以对它进行科学的结构化，而必须以一种整体或系统的思维方法来对待。各种行动间的交互作用十分复杂，每一种行动的综合效果构成总体的学习行为。

　　在上述认识的基础上，语言智能作为人工智能的一个分支，是模拟人类"语言能力"，对外界的语言信息进行加工、处理和构建意义的一门学科，它的基本逻辑类似于人对外界信息的感知、获取和处理，都包括了外界的符号表示系统和智能主体（人和机器）对外界信息的感知渠道和意义构建模型。③ 为此，学习行为语义分析，一般以复杂性理论为基础，基于语言智能环境对开放课堂教学中学生的学习行为进行语义分析。

---

① 王春华. 教学设计的理性及其限度 [D]. 济南：山东师范大学，2014.
② 叶澜. 重建课堂教学价值观 [J]. 教育研究，2002（5）：3-7，16.
③ 王一岩，王杨春晓，郑永和. 多模态学习分析："多模态"驱动的智能教育研究新趋向 [J]. 中国电化教育，2021（3）：88-96.

2.4　学习行为语义特征提取与融合技术及基础

2.4.1　学习行为语义特征提取与基本方法

特征提取是指从原始数据中抽取出具有代表性和区分性的特征，用于描述数据的一种过程。学习行为语义特征提取是指从学习者的行为数据中抽取具有语义含义的特征，以更深入和准确地描述学习者的学习行为和学习模式。在学习行为语义数据处理过程中，涉及的原始语音、视频和文本等数据往往是高维度、复杂的，包含大量的行为语义信息，但直接使用这些原始数据可能会导致问题，例如，计算复杂度高、维度灾难、模型泛化能力差等。因此，通过学习行为语义特征提取，可以将原始学习行为数据转换为更加简洁、有意义的学习行为特征表示，从而更好地反映学习者的学习行为和学习模式。例如，"周老师讲的语言智能课程特别风趣，我们忘记了下课时间"，反映该语句的直接特征是"风趣"，间接特征是学生对周老师的课程表现为"满意"，特征提取就是找到合适的关键信息（风趣或者满意）反映该语句的学习行为。特征提取对于学习行为语义分析的性能至关重要。好的特征能够帮助学习行为语义分析模型更好地理解数据，提高模型的泛化能力和准确性，从而改善模型的性能。在学习行为语义分析中，涉及的多模态数据如语音、视频和文本信息的数据分析中，特征提取是一个非常重要的步骤，直接影响着模型的表现。

在计算机视觉、自然语言处理、语音识别等领域中，特征提取的方法有很多种，大致可分为基于手工设计的特征提取方法，基于统计的特征提取方法和基于机器学习的特征提取方法。其中，基于手工设计的特征提取方法是通过人工设计特征，基于对问题领域的专业知识和经验，人工选择最相关的特征来表示数据。基于统计的特征提取方法，是对原始数据通过统计学的方法进行扫描和分析后，根据统计学结果得出特征并计算它们之间的关联性。基于机器学习的特征提取方法是一种自动化的特征学习方法，利用机器学习技术自动挖掘特征，如深度学习中的卷积神经网络或循环神经网络，通过训练模型自动从原始数据中学习得出特征表示。

与传统的特征提取方法相比，学习行为语义特征提取更加注重对行为数据中潜在语义信息的挖掘和表达。国内研究者对学习行为语义特征提取方法主要侧重于文本特征的提取，考虑多模态数据处理较少，其方法与一般数据特征提取方法类似，主要基于手工设计、统计和机器学习三种特征提取方法，这些方法对学习行为分析有一定的推动作用，但是由于采用的数据模态单一，无法充分反映学习行为数据的多样性，其支撑的行为语义分析模型数据不够准确。基于此，学习行为语义的特征提取与融合方法需要重点考虑学习行为数据的多模态特性。

2.4.2　基于语音的学习行为语义特征提取方法

语音是指人类通过发出声音来进行交流和表达意思的方式，是人类交流的主要方式之一，通过声音的频率、音调、音量和语速等特征来传递信息和表达情感。基于语音的行为语义特征提取是指从语音数据中提取有关行为语义信息。这个过程需要执行语音识别和语音情感分析等任务，用于理解学习者在学习过程中的语音行为和情感状态。

2.4.2.1　语音识别

语音识别的研究已经涉及计算机技术、语音信号处理、语言学、人工智能和认知科学等许多学科领域以及这些学科的多学科交叉研究领域。① 语音识别的研究工作开始于 20 世纪 50 年代，经过近 70 年的发展，已经形成较为成熟的流程和方法。语音识别的工作流程大致如图 2-1 所示。② 语音识别一般包含预处理（静音切除、噪声抑制、回声消除和增益控制等）、语音编码（特征提取）、解码（语音特征匹配）、输出识别结果四个阶段。③

（1）预处理。语言数据预处理包括信号滤波、模数 A/D 变换、语音活动检测、自动增益控制、回声/混响消除、端点检测以及在声学参数分析之前正确选择识别基元等问题，例如，信号滤波主要是抑制输入信号中频率超出采样频率 1/2 的所有分量以防止混叠干扰和抑制 50Hz 的电源工频干扰，模数 A/D 变换是将语音模拟信号转换为数字信号，语音活动检测主要检测语音信号的起始位置来分离出语音和非语音（静音或噪声）段，回声消除是采用自适应方法估计回波信号的大小，以便在信号中减去此估计值以抵消回波。④

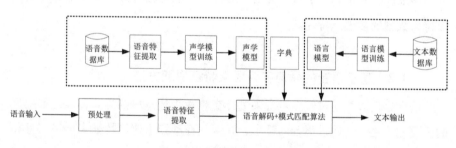

图 2-1　语音识别工作流程

① 彭永超. 基于 Android 的车载语音助手设计与实现［D］. 北京：北京交通大学，2019.
② 何湘智. 语音识别的研究与发展［J］. 计算机与现代化，2002（3）：3-6.
③ 罗飞雄. 基于 TextRank 的自动文摘算法的研究与应用［D］. 西安：西安电子科技大学，2020.
④ 孙国栋，陈幼平，袁楚明，等. 基于 VoIP 的设备共享与远程监测研究［J］. 制造业自动化，2006（12）：13-15，26.

（2）语音特征提取。经过预处理后的语音信号需要对其特征进行参数分析，提取相应的语音特征。常见算法有 LPCC（线性预测倒谱系数）和 MFCC（梅尔倒谱系数），主要作用是把每一帧声音的波形置换成包含声音信息相对应的多维向量。

（3）声学模型（Acoustic Model，AM）。主要是获取发声实体要素数据模型，一般通过对客观发生体的语音数据进行机器训练获得，输入是声音特征向量，输出为音素信息。

（4）语言模型（Language Model，LM）。主要是预测一个词（词汇）、句子在语言中出现的概率，通过对大量语言文本信息进行机器训练获得，得到单个字或者词相互关联的概率。

（5）字典。字或者词与音素信息的对应关系，简单来说，中文就是拼音和汉字的对应，英文就是音标与单词的对应。

（6）语音解码。主要指通过声学模型、字典和语言模型之间关系对提取音频特征后的音频数据进行文字输出。[①]

（7）语文转换模式匹配算法。实现语音解码将音素信息转换成文本信息的方法。

语音识别本质上是一个模式识别系统，它包括三个基本单元：特征提取、模式匹配和参考模式库（语音/文本数据库）。[②] 一套完整的语音识别系统工作流程主要包含以下七个步骤：一是对输入的语音信号进行分析和处理，主要是去除部分冗余信息；二是将影响语音识别的关键信息和表达语言含义的特征信息提取出来；三是密切跟踪分析语音特征信息，识别表达语音的最小单位信息（单词/字、词汇）；四是根据不同语言的语法与逻辑结构按

---

① 韩峥，钱锦辉，周星国，等．高校智能物业报修系统的设计与实现 [J]．计算机产品与流通，2020（7）：230．

② 刘梦玉．基于情境意识的视障人群出行伴护产品设计研究 [D]．广州：华南理工大学，2020．

顺序识别单词；五是为了更有利于语义分析和单词/词汇的识别，需要将句子中前后语义作为辅助识别条件；六是开展句子语义分析，识别出单词并将它们连接起来，根据句子的意思调整句子结构，根据关键信息划分为段落；七是结合语义分析上下文的相互关系，对当前正在处理的句子进行适当的修正。①

2.4.2.2 语音情感分析

语音信号一般包含发音实体（教师/学生）行为情感状态的信息，如实体发音的语气词、声调的变化、语速的快慢等。语音情感分析是计算机模拟发音实体对情感状态的感知和理解过程，其作用是从发音实体的语音信号中获取表达情感的声学特征及其与发音实体情感之间的对应关系。一般来说，语音情感分析的工作流程分为三个步骤：语音输入、情感特征提取、情感识别。如图 2-2 所示。

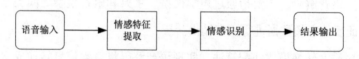

图 2-2 语音情感分析工作流程

其中，情感特征提取是关键。语音情感特征提取是指从语音信号中抽取与情感状态相关的声学特征，以帮助分析和理解说话人的情感表达，它能将声音的各种属性转化为数值特征，以便计算机能够对情感状态进行分类或分析。这些声学特征可以捕捉语音中与情感相关的音频属性，如音调、音频频谱、能量分布、声调变化等。不同的情感状态可能对应着不同的声音特征，因此通过提取这些特征，可以帮助计算机识别和理解说话人的情感状态，如高兴、愤怒、悲伤等。

---

① 彭永超. 基于 Android 的车载语音助手设计与实现 [D]. 北京：北京交通大学，2019.

常用的情感特征大致可归为 3 类①：韵律特征、基于谱的相关特征和音质特征。

（1）韵律特征又被称为"超音段特征"或"超语言学特征"，主要包括基频、音长、音强、语速、音调、时长、停顿、能量等特征，国内外语音情感识别领域研究者已经充分证明了这些特征的情感区分能力，其中最为常用的韵律特征有时长、基频、能量等。

（2）基于谱的相关特征是反映发声运动和声道形状变化的特征，具体表现为频谱能量的分布（共振峰）、梅尔频率倒谱系数 MFCC（Mel Frequency Cepstrum Coefficient，MFCC）、线性预测倒谱系数 LPCC（Linear Prediction Cepstral Coefficient，LPCC）等特征。②

（3）音质特征是人们赋予语音质量的一种主观评价指标，用于评价语音的纯净度、清晰度、辨识度等指标③，声音质量的细微变化被普遍认为与表达情感的语音紧密相关。通常用来评估声音质量的声学特征包括共振峰频率及其带宽、频率和振幅的波动（微扰）以及声门特性等参数。另外，提取的特征类型对于语音情感的识别也具有重要影响。例如，局部特征提取关注的是单个语音帧的信号强度和梅尔频率倒谱系数（MFCC）等参数，而全局特征则涉及对整个语音信号的数据统计和分析，且在提取最有用的特征时需要考虑语言本身的特点。

2.4.2.3　基于语音学习行为情感语义特征提取方法

根据心理学模型，情感模型可分为离散型和维度型，在语音情感离散模

---

① 韩文静，李海峰，阮华斌，等．语音情感识别研究进展综述［J］．软件学报，2014，25（1）：37-50.

② BENESTY J，SONDHI M M，HUANG Y. Springer handbook of speech processing［M］．Berlin：Springer-Verlag，2008.

③ GOBL C，CHASAIDE A N. The role of voice quality in communicating emotion，mood and attitude［J］．Speech Communication，2003，40（1/2）：189-212.

型中，情感被划分为两两独立的类别，广泛采用的有四分类法（生气、高兴、悲伤、中性）以及六分类法（生气、高兴、悲伤、中性、恐惧、惊奇）。维度型情感模型则是依赖连续维度，一般包含基本模型、高维情感模型，此外还有结合基本模型和二维模型的高维情感模型。[①]

　　基于学习行为情感分析中，情感识别比较困难的是提取和识别语音中与情感最相关的特征，一般有判别模型、生成模型和混合模型三种方法开展特征提取。判别模型是依据条件概率分布来建模，典型算法有 CNN、RNN、多层感知器 MLP（Multi-layer Perceptron，MLP）和前馈深度神经网络 FDNN（Feedforward Deep Neural Network，FDNN），这些模型的优点是实现简单且在训练阶段可以检查和修改，缺点是准确度低并且可能陷入局部极小值；生成模型是依据联合统计概率来建模的，典型算法有受限玻尔兹曼机 RBM（Restricted Boltzmann Machine，RBM）和深度自编码器 DAE（Deep Auto Encoder，DAE），优点是可以学习高维特征之间的关系且准确度高，缺点是计算比较复杂；混合模型是二者的组合，结合两种模型可获得有效性和鲁棒性，典型算法有深度卷积网络和时域金字塔匹配 DCNN-DTPM（Deep Convolutional Neural Network and Discriminant Temporal Pyramid Matching，DCNN-DTPM）、堆叠自编码器-双向长短期记忆网络 SAE-BiLSTM（Stacked Autoencoder-Bidirectional Long Short-Term Memory，SAE-BiLSTM）和卷积循环神经网络 CRNN（Convolutional Recurrent Neural Network，CRNN）。[②]

2.4.3　基于视频的学习行为语义特征提取方法

　　基于视频的行为语义特征提取是指从学习者的视频数据中提取有关学习

---

① 高利军，薛雷. 语音情感识别综述 [J]. 工业控制计算机，2022，35（10）：115-116，120.

② 任欢，王旭光. 注意力机制综述 [J]. 计算机应用，2021，41（S1）：1-6.

行为的语义信息。视频作为时序数据，蕴含着丰富的视觉、听觉、文本等多媒体特征，这些特征之间存在着一定的时序和语义关联。即使在不同时刻出现的连续视频帧、转录文本以及音频信号等多媒体数据中，仍然存在着语义上的关联，这种关联呈现时序关联共生的特性。近年来，随着深度学习方法的迅速发展，其高度自动化的特点开始应用于面部表情和行为动作的情感语义识别领域。因此，视频学习行为语义识别主要是通过提取面部表情和行为动作并感知其变化来识别学生学习行为的变化。

2.4.3.1　面部表情的特征提取

面部表情特征的提取主要包含人脸检测与表情识别两个步骤，其主要方法主要采用的是基于深度学习的一些模型框架，常用的方法有 CNN、RNN、LSTM 等。

June 等①采用图像序列与人脸标志点相结合的联合精细调整算法，实现对两个独立深度神经网络的有效融合。Fan 等②提出一种基于三维卷积神经网络的人脸特征抽取方法，并利用循环神经网络实现人脸的时序相关性。Kim 等③通过构建 CNN 与 LSTM 相结合的方法，考察了情感条件下的人脸表情改变，并对人脸表情进行两方面的编码。首先，CNN 在情感状态的各个帧中，对人脸表情进行空间特征提取；其次，利用 LSTM 进行时序特征的学习。

---

① JUNG H，LEE S，YIM J，et al. Joint fine-tuning in deep neural networks for facial expression recognition ［C］// Proceedings of the 2015 IEEE international conference on computer vision. Washington D. C：IEEE Computer Society，2015：2983-2991.

② FAN Y，LU X J，LI D，et al. Video-based emotion recognition using CNN-RNN and C3D hybrid networks ［C］//NAKANO Y I，ANDRÉ E，NISHIDA T. Proceedings of the 18th ACM international conference on multimodal interaction. New York：ACM，2016：445-450.

③ KIM D H，BADDAR W J，JANG J，et al. Multi-objective based spatio-temporal feature representation learning robust to expression intensity variations for facial expression recognition ［J］. IEEE Transactions on Affective Computing，2017，10（2）：223-236.

Yolcu 等①提出了一种基于 CNN 的人脸关键区域提取算法，其主要目标为眉毛、眼睛、嘴等。在把图片输入 CNN 前，首先要对人脸进行剪切，提取人脸特征，再把它输入二层 CNN 中进行人脸表情的提取。实验结果表明，与单纯利用原图或经过处理的人脸图像相比，Yolcu 等提出的算法具有较高的精度。Yu 等②提出一种新型的时空卷积的嵌套 LSTM（STC-NLSTM），其主要内容包括时空卷积 C-LSTM 和多层次特征。3DCNN 从一系列人脸表情图像中抽取时空域卷积特征，T-LSTM 对各卷积下的时空域特性进行建模，并利用 C-LSTM 融合各层的数据，实现对中层编码的多层次特征的编码。Moghaddam 等③通过 VGG16 卷积神经网络提取人脸图像的空域特征，然后通过双向长时记忆网络学习角度特征，研究前后向角的内在联系，并在此基础上引入注意机制，重点研究其中最为关键的空角特征，最终通过融合多个特征信息，实现人脸情绪识别的分类。崔子越等④提出一种融合 FocalLoss 和 VGGNet 的面部表情识别方法，通过在 VGGNet 中引入新的输出模块，提升 VGGNet 的特征抽取能力，并在此基础上通过设定一个概率门限，降低误标注样本对模型的不利影响，实现对焦点 Loss 的优化。实验证明，该方法能够较好地解决人脸表情识别问题。郑剑等⑤提出了一种名为 FLFTAWL 的深度

① YOLCU G, OZTEL I, KAZAN S, et al. Deep learning-based facial expression recognition for monitoring neurological disorders [C] // 2017 IEEE international conference on bioinformatics and biomedicine (BIBM). Kansas City: IEEE, 2017: 1652-1657.

② YU Z B, LIU G C, LIU Q S, et al. Spatio-temporal convolutional features with nested LSTM for facial expression recognition [J]. Neurocomputing, 2018, 317: 50-57.

③ SEPAS-MOGHADDAM A, ETEMAD S A, PEREIRA F, et al. Facial emotion recognition using light field images with deep attention-based bidirectional LSTM [C] // ICASSP 2020-2020 IEEE international conference on acoustics, speech and signal processing (ICASSP). Piscataway: IEEE, 2020: 3367-3371.

④ 崔子越，皮家甜，陈勇，等. 结合改进 VGGNet 和 Focal Loss 的人脸表情识别 [J]. 计算机工程与应用，2021，57（19）：171-178.

⑤ 郑剑，郑炽，刘豪，等. 融合局部特征与两阶段注意力权重学习的面部表情识别 [J]. 计算机应用研究，2022，39（3）：889-894.

卷积神经网络，将局部特征与两级注意力加权相结合，实现对面部关键区域的自适应提取，从而大幅提升面部表情识别性能。Liang 等①提出了一种用于面部情感识别的深度卷积双向长短时记忆（Bi-LSTM）融合网络，它可以利用空间和时间特征。Pan 等②提出一种新的面向视频人脸表情识别的方法，利用空域卷积神经网络和时域卷积神经网络对视频进行高层时空域特征的提取。

从以上基于视频的深度学习语义特征文献来看，人脸表情识别的深度特征提取方法主要采用基于 CNN 的网络模型进行面部图像的深度特征提取，而对于动态视频表情序列的特征提取，通常采用手工特征提取方法和深度学习方法相结合的策略。常用的手工特征提取方法主要包括光流法和模型法，可以捕获视频序列的动态信息。在深度学习方法中，由于视频序列具有时空性，通常采用基于 CNN 模型提取空间深度特征，采用 RNN 模型获取时间深度特征，以提高表情识别的准确性。综合来看，将视觉手工特征和深度特征相结合是一个值得深入研究的方向，有望进一步提高人脸表情识别的性能。

2.4.3.2 行为动作的特征提取

从原始的学习行为视频序列中提取具有较强表征能力的学习行为特征一直是行为识别领域的一个难题。一般来说，这个过程涉及从行为视频序列数据中提取描述动作行为语义的特征。行为语义特征的质量将直接影响行为语义分析结果的准确性。目前，学习行为的特征提取方法主要有基于外观形状特征、基于运动轨迹特征、基于时空兴趣点特征的方法。

---

① LIANG D D, LIANG H G, ZHANG Y P, et al. Deep convolutional BiLSTM fusion network for facial expression recognition [J]. The Visual Computer, 2020, 36 (3): 499-508.
② PAN X Z, ZHANG S Q, GUO W P, et al. Video-based facial expression recognition using deep temporal-spatial networks [J]. IETE Technical Review, 2020, 37 (4): 402-409.

外观形状特征是指物体的大小、轮廓、颜色、密度、深度等信息。该方法可以很好地刻画人体动作的细节，被广泛地用于动作语义识别。Ahmad等①利用一组侧影序列建立侧影能量图，并利用侧影特征描绘了侧影的形态与状态。杨渊博②利用全局时空特征，对学生举手、站、坐、低头等动作的整体时间—空间特性（如能量图谱、动作历程图谱）进行了识别。

Cao 等③将运动历史图与梯度方向直方图相融合，可以实现对学生举手、放下、站起、坐下、教师讲课、走路等行为的高效识别，适合课堂行为识别。

运动特性包括轨迹、方向、速度、加速度以及光流特性。该算法的优势在于，所提取的特征信息更加完备，并且不依赖于学习行为的形态，是一种很好的表示学习行为的手段。Wu 等④提出融合多个特征（矩、光流、整体移动方向等）的方法，可以精确地识别出学生举手、站、坐等行为。

时空特征是指将视频作为一系列的时间序列，通过抽取时空兴趣点、时空上下文信息、时空立方体等信息，实现对学习行为的准确描述。由于时空兴趣点具有易于提取的特点，因此在动作识别中得到了广泛的应用。其思想是把视频看成一个三维的函数，并在此基础上构建一种映射函数，通过这个函数将视频中的数据映射到一维空间中，再求解这个空间中的最大点，获得

① AHMAD M, LEE S W. Variable silhouette energy image representations for recognizing human actions [J]. Image and Vision Computing, 2010, 28 (5)：814-824.
② 杨渊博. 学生课堂行为视频观察记录系统关键技术研究 [D]. 长沙：国防科学技术大学，2015.
③ CAO J T, WANG P Y, CHEN S Q, et al. Two-person interaction recognition based on video sparse representation and improved spatio-temporal feature [C] // Intelligent robotics and applications：12th international conference, ICIRA 2019, Shenyang, China, August 8-11, 2019, proceedings, part V 12. Berlin：Springer International Publishing, 2019：473-488.
④ WU D M, DANG D L, WANG J. Recognition of students combining features of Zernike moment and optical flow [C] // 2016 2nd IEEE international conference on computer and communications (ICCC) . Chengdu：IEEE, 2016：676-679.

的每一个极点就是时空兴趣点。[1] 俞浩[2]提出一种基于局部时空域三维空间层次的学习动作识别方法，通过构造特征点，在视频序列中建立局部时空域立方体，并对各个立方体中的关键特征进行提取，从而实现对学生举手、睡觉、打盹、发呆、站立、讲话等 6 种不同行为的高效识别，为学生行为监控提供了重要手段。

总体而言，学习行为动作特征是一种全局特征，其中包含了丰富的学习行为信息，因此对于学习行为识别非常有效，但是为了获取这种特征，必须先定位行为主体所在的区域；描述行为主体运动信息的运动轨迹在检测模糊目标的场景中表现出良好的性能，能够充分表达行为主体运动状态，然而大多数行为主体运动特征的计算方法尤其是光流的计算非常复杂，抗噪性能差，且需要满足一些基本假设条件，从而难以在实际应用中发挥作用，因此使得相关研究变得更加困难；时空兴趣点属于局部特征，特征提取相对简单，对于前景提取和目标跟踪的要求不高，在部分严重遮挡的场景中，它表现出较好的性能，可以一定程度上解决运动特征和外观形状特征涉及的部分遮挡或视觉变化等敏感问题，此外，引入上下文信息可以进一步提高局部特征的表征能力。然而，在真实复杂的场景中，时空兴趣点特征存在大量噪声干扰，同类运动行为的时空兴趣点表示形式多样，难以完整地描述运动信息，因此在处理时误差较大。[3] 目前，由于外观形状特征和运动特征各自具有其优势，因此将这两类特征进行融合，以共同表征学习行为，是目前的一种研究倾向。

---

① 张会珍，刘云麟，任伟建，等. 人体行为识别特征提取方法综述［J］. 吉林大学学报（信息科学版），2020，38（3）：360-370.

② 俞浩，孙燕. 人体行为识别局部描述方式［J］. 计算机工程与设计，2016，37（11）：3102-3106.

③ 贾轶钧，杨辉跃. 基于计算机视觉的课堂行为识别方法综述［J］. 自动化与仪器仪表，2022（9）：1-6.

2.4.4　基于文本的学习行为语义特征提取方法

文本行为语义是学习行为研究中最为关键的语义信息，而文本语义特征提取则是文本分析任务的重要组成部分。在深度学习方法中，为了对文本进行语义分析，首先需要将文本字符转换成可被计算机识别的数值，从而得到初步的文本行为特征向量表示。在此基础上，为了降低数据维度、减少信息冗余，需要对文本行为语句进行有效的情感特征提取，并将其输入后续步骤中进行语义分析，从而实现最终的学习行为情感识别。

文本学习行为情感特征提取是实现文本语义情感分类的关键。在文本学习行为情感特征提取的过程中，可以采用手工文本情感特征提取和深度学习文本情感特征提取两种方法。① 其中，手工文本情感特征提取主要是利用人类专家知识和领域知识，选取合适的文本特征，并通过一定规则进行组合，得到具有区分性的文本特征表示。而深度学习文本情感特征提取则是通过深度神经网络自动学习文本特征表示，利用前馈神经网络、循环神经网络和卷积神经网络等模型，从原始文本数据中提取有意义的语义信息，获得高维度的文本特征表示，以更好地实现情感分类任务。综合来看，文本情感特征提取是文本情感分类的关键技术，其研究具有重要的理论和实践意义。

2.4.4.1　手工文本情感特征提取

手工文本情感特征提取方法是采集数据后通过进行人工标注，即根据文本中情感表达的含义，人工将词语进行情感分类标注。典型的手工文本情感特征提取方法是词袋模型 BoW（Bag-of-Words model，BoW）。BoW 模型主要应用在文本分类中，将文本信息的句子转换成一系列特征矢量，其主要工作思路是给定文本信息，首先忽略该文本中各个单词的词序、句法和语法，将其看作一系列词或词汇的集合，集合中的每个词汇都是独立的，其次统计

---

① 赵小明，杨轶娇，张石清. 面向深度学习的多模态情感识别研究进展［J］. 计算机科学与探索，2022，16（7）：1479-1503.

文本信息中各词或者词汇出现的频率，最后根据各词或词汇进行二进制向量编码，由于每个文本研究档信息可以看成一个集合（袋子），所以称为词袋，即 Bag of Word。

假设文本信息 $T = [w_1, \cdots, w_i, \cdots, w_n]$，其中 w_i 表示文本信息 T 中出现的频率最高第 i 个词或者词汇，n 是文本信息 T 中出现频度最高的前 n 个词或者词汇，那么可以将文本信息 T 映射成 n 维向量特征，情感特征的值可以是二进制、词或者词汇频率（简称术语频率）或 TF-IDF（Term Frequency-Inverse Document Frequency）。BoW 模型认为一个词或者词汇在文本信息中出现的频率 TF 越高，并且在其他文本信息中出现越少，则认为此词或词汇区分类别能力就越好，适合用来开展情感特征分类。BoW 模型的优点是简单且易用，但是 TF-IDF 主要体现高频率词或词汇的权重，当某个词或词汇在多个文本信息出现的频度很高时，其区分文本信息的能力会下降，缺点是 BoW 词或词汇之间词序和逻辑结构关系，其二进制表示存在高维稀疏性，故而属于一种低层次的文本特征表示方法。

Deerwester 等[1]提出的潜在语义分析 LSA 方法（Latent Semantic Analysis, LSA）是 BoW 模型的改进方法，LSA 主要是克服 BoW 模型描述文本特征存在高维稀疏性，利用奇异值分解（Singular Value Decomposition, SVD）将文本特征表示为具有较低维度的特征向量，而并不改变词或者词汇频率在文本信息的近似线性相关性，但是 LSA 方法未能解决文本信息中存在的一义多词和一词多义的问题。Hofmann[2] 提出了 LSA 方法的改进模型，称为概率潜在语义分析 PLSA 方法（Probability Latent Semantic Analysis, PLSA），在 LSA 方

---

① DEERWESTER S C, DUMAIS S T, LANDUER T K, et al. Indexing by latent semantic analysis [J]. Journal of the Association for Information Science & Technology, 1990, 41 (6)：391-407.

② HOFMANN T. Probabilistic latent semantic analysis [C] // LASKEY K B, PRADE H. Proceedings of the fifteenth conference on uncertainty in artificial intelligence. San Mateo：Morgan Kaufmann, 1999：289-296.

法基础上引入了统计概率模型，该概率变体统计词或者词汇的效果良好，PLSA 定义了一个合适的数据生成模型，解决词或者词汇的多义性问题。BoW 模型、LSA 和 PLSA 方法缺少文本信息结构的划分，Blei 等①提出了一种离散数据集合的生成概率模型——潜在狄利克雷分布 LDA 模型（Latent Dirichlet Allocation，LDA），该模型将文本信息划分为词、主题、文档三层结构，对于文本信息中的词或者词汇映射到主题空间，计算出每个词或者词汇的权重，根据权重再选择文本特征，因此 LDA 是一个三层贝叶斯概率模型。

2.4.4.2 深度学习文本情感特征提取

随着技术的发展，机器学习和深度学习方法在文本情感特征已经占据了主导地位，尤其是卷积神经网络（CNN）和循环神经网络（RNN）。在该类特征提取中一般使用词嵌入（Word Embedding）用于文本情感抽取，词嵌入是一种以分布为基础的分布式语义表示方法，分为典型词嵌入和情感词嵌入两种类型，主要依据所包含的信息侧重程度不同进行分类。

典型词嵌入主要研究基于通用语义与上下文的连续词向量模型，采用以出现频率较高的词或者词汇在其对应的语义标准上通常是相似的语义原理进行操作，以句法上下文进行训练，典型词嵌入方法有 Word2Vec 和 Glove。该方法为获取更精细的句法、语义规则，一般以大规模无标签数据为样本进行预训练，以单词或者词汇为单位进行特征向量提取，其优点是预训练的词嵌入模型比随机初始化的单词向量具有更好的性能，从而可以在学习行为特征提取中获得比较好的效果，缺点是只考虑单词或者词汇是唯一的一个向量表示，没有考虑到语境对单词或者词汇的影响，从而限制了典型词嵌入模型的应用范围。

① BLEI D M, NG A Y, JORDAN M I. Latent dirichlet allocation [J]. Journal of Machine Learning Research, 2003, 3: 993-1022.

情感词嵌入主要研究在词向量空间中如何进行情感信息的编码。主要受迁移学习的启发，近几年，基于深度学习方法的预训练语言模型的出现，为情感词嵌入方法在文本情感特征提取提供了新的思路，典型的方法有 ELMo 模型（Embeddings from Language Models，ELMo）和 BERT 方法。

ELMo 模型是一个深层的双向语言模型，通过捕获词义随上下文的变化动态生成单词嵌入，是一种新型的深层语境化（Deep Contextualized）单词表示方法。ELMo 模型可以模拟词或者词汇在不同的语言语境中的单词语义变化（如多义词），也可以模拟词或者词汇的复杂特征（如同义词和近义词）。

BERT 是一种基于 Transformer 架构的双向编码表示语言预训练模型 GPT，在 Transformer 架构中通过无监督学习预测上下文中隐藏的单词，在所有层中对上下文进行联合调节，从未标记文本中预训练深层双向表示获取文本情感特征。

2.4.5 多模态的学习行为语义特征融合方法

在学习行为语义识别的研究中，使用单一特征来描述学习行为是远远不够的。因此，研究人员需要探索多特征融合的方法。虽然利用多样的特征可以提升学习行为识别的准确性，但这也伴随着特征向量维度的提升，进而大幅提高了特征处理的计算复杂度。因此，探索有效的特征提取和降维技术对于提高情感特征分类的效率至关重要。目前，多模态数据融合的方法相对简单，所以如何巧妙结合不同类型的学习行为特征，并开发更加适宜的降维策略，成为未来学习行为语义分析研究的一个主要方向。

2.4.5.1 特征融合基本方法

不同模态的学习行为特征存在结构不同、语义信息含义和表示信息的能力不同，学习行为模型或方法对不同模态特征处理也不具有兼容性，因此有必要进行特征融合。① 多模态学习行为语义特征融合是利用多个模态中各模态数据包含的互补行为语义信息，将多个模态的数据融合到某一个特征中，以便对应的学习行为模型或方法进行特征处理。假设三个模态特征对应的数据集为 x、y 和 z，则多模态特征融合公式如下：

$$h = \varphi(x, y, z) \qquad\qquad (2-1)$$

其中，h 表示融合后的单个特征，φ 为具体的映射函数。

目前，基于多模态数据的学习特征融合方法，常见的有三种：特征层（Feature-level）融合、决策层（Decision-level）融合、模型层（Model-level）融合。特征可以在底层数据特征融合，也可以在高层语义信息特征融合。前者相当于对底层数据进行互补与扩充，后者主要产生新的行为语义信息。也可以在决策阶段进行特征融合，即通过对不同模态特征得到的预测结果进行综合分析后融合成新的预测结果。② 一般而言，底层数据特征融合计算量比较小，高层语义信息特征或者决策层模态特征融合计算量比较大。研究者一般使用不同类型的特征融合方法混合实现，发挥两者优势的同时，来克服各自的缺点。对于深度神经网络学习方法进行特征融合，特征融合可以通过在特征提取层面进行，或者通过将多个网络分支的数据汇总到一个单独的网络中以实现。关键的考量包括选择哪些模态数据进行融合以及确定融合发生的时机，因为这些因素直接影响融合效果的好坏。研究人员必须仔细考虑融合后的特征是否能够实现不同模态间的互补优势，否则，每次融合的增加不仅会提升计算成本，而且可能不会带来预期的效果提升。

---

① 潘梦竹，李千目，邱天. 深度多模态表示学习的研究综述 [J]. 计算机工程与应用，2023，59（2）：48-64.
② 王帅琛，黄倩，张云飞，等. 多模态数据的行为识别综述 [J]. 中国图象图形学报，2022，27（11）：3139-3159.

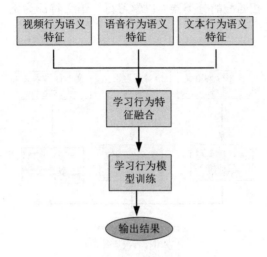

图 2-3　特征层融合

1. 特征层融合

特征层融合也被称为早期融合（Early Fusion，EF），是一种结构简单、复杂度和层次较低的特征融合方法，考虑了模式之间的相关性。对于多模态特征层融合将提取的每一个单模态特征直接级联成一个大的特征向量，并对其训练分类器。然而，由于特征层融合后的特征维数是各模态特征维数之和，当模态数增加过多时，融合后特征的维度过高，训练模型困难。以学习行为语义特征为例，特征层融合流程如图 2-3 所示。

2. 决策层融合

决策层融合也被称为后期融合（Late Fusion，LF），一种基于规则的融合方法，首先把多个模态看作各自独立的识别分析，然后将各自识别的结果进行多个模态融合，从而获得融合结果。通常采用"最小""平均""最大""总和""乘积""多数投票"等方法来进行决策融合。决策层融合的主要关键点是如何设计好规则，如果规则太过简单，就不会描述出不同模式间的联系，如果规则过于复杂，其计算量就越大。该方法的优势：基于规则的融合方法易于使用，各分类器所得到的判决结果更容易进行对比，而且每种模式都能选择与任务相匹配的分类器。以学习行为语义特征为例，决策层融合流程如图 2-4 所示。

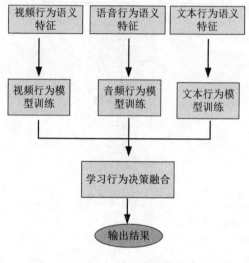

图 2-4 决策层融合

3. 模型层融合

模型层融合是目前最常用的一种多模态特征融合方法，其目的是将各模态特征单独进行建模，并充分考虑各模态间的相互关系。这样，就能充分考虑各模态间的相关性，从而减少对多个模态时间同步的要求。可见，模型层融合方法实际是一种混合方法，是特征层和决策层策略的组合，因此结合了底层特征融合和高层语义信息融合的优点。

综合来说，特征级融合是一种对原始数据进行处理的最低级的融合，该融合方式虽然具有良好的效果，但其所需的信息量很大，容错和抗干扰能力都很差。模型级融合是一种基于特征层与决策层的融合技术，通过对原始数据的抽取、处理、融合，极大地降低了计算量，但同时也造成了数据丢失导致的准确性降低。而决策层融合是三种方法中的最高层次，其基于模型层的信息融合，通过对模型的最终结果做出最终的决策，具有较小的计算量、较高的容错能力和较强的抗干扰能力。

2.4.5.2 多模态融合研究进展

近年来，部分研究者利用多模态融合开展情感计算和语义识别，取得了一定进展。

Hazarika 等[1]提出了一种基于自注意力（Self-Attention）的特征层融合方法。该方法主要针对文本和语音两种模态进行融合。首先，对文本模态数据采用 FastText 嵌入字典模型进行编码，再用 CNN 模型进行文本特征提取，对语音模态数据提取高维手工特征，如声音质量、音高、响度、MFCC 参数、梅尔光谱参数等；其次，通过自注意力机制为这些文本、语音模态分配适当的分值，将这些分值用作加权组合的权重；最后，通过 Softmax 分类器进行分类。该融合方法在 IEMOCAP 数据集上的四分类实验情感识别率达到了 71.40%。

Hung 等提出一种基于多头注意力 Transformer 模型的音频、视频模态的模型层融合方法。首先，该方法利用 openSMILE 提取声学参数集（eGeMAPS）的音频模态特征，其视觉特征主要提取头部姿态特征、面部动作单位、面部地标位置和眼睛注视特征等几何特征；其次，通过多头注意力在给音频、视频模态特征编码后，利用公共语义特征空间生成多模态情感中间表征；为进一步提高性能，最后，将 Transformer 模型与 LSTM 融合，再通过全连接层得到回归结果。该融合方法在 AVEC2017 数据库上的实验，证明模型层融合优于其他融合策略。

王传昱等[2]提出了一种基于音频、视频两种模态的决策层融合方法。该方法对于语音模态特征处理，主要基于 LSTM 模型和改进深度受限玻尔兹曼

---

① HAZARIKA D, GORANTLA S, PORIA S, et al. Selfattentive feature-level fusion for multimodal emotion detection [C]. Piscataway：IEEE, 2018：196-201.

② 王传昱，李为相，陈震环. 基于语音和视频图像的多模态情感识别研究 [J]. 计算机工程与应用，2021, 57（23）：163-170.

机来实现；在视频、图像模态特征处理，利用局部二进制模式直方图 LBPH（Local Binary Patterns Histograms，LBPH）提取模态特征，通过稀疏自动编码器 SAE（Sparse Autoencoder，SAE）自动编码和改进的 CNN 层来进一步融合特征实现；在单模态识别后，最后在决策层根据权重准则将音频、视频两种模态的识别结果进行融合，使用 Softmax 分类器进行分类。该融合方法在 CHEAVD 数据集上实验的情感识别率达到了 74.90%。

在多模态特征融合的一般过程中，那些提供更丰富信息的模态往往对情感识别的性能贡献更为显著，因此特征融合模型应当优先考虑包含更多信息量的模态特征。传统的特征层和决策层融合方法无法充分顾及不同模态特征间的相互关系，这就导致近年来研究的重点转向了模型层的融合技术。随着注意力机制模型的持续优化，这种机制能够有效学习不同模态对情感识别性能的具体影响，使得它在多模态特征的模型层融合中扮演了日益关键的角色。

2.5 学习行为语义分析的核心技术及模型

在语言智能技术发展历程中，机器学习运用得越来越广泛，已经成为目前人工智能的核心，是使计算机具有智能的重要途径，也是人工智能与语言学交叉的关键技术。因此，机器学习对于开展学习行为语义分析，起到关键性的作用。随着机器学习模型的不断优化，算力水平的不断提高，利用具有超强非线性拟合能力的神经网络模型成了当前主流，促使行为语义分析更加精准高效。本章节根据研究需要，阐述开展语言智能处理的学习行为分析的相关模型。

2.5.1　深度学习工作原理及流程

深度学习（Deep Learning）是机器学习的一种分支，是机器学习中一种基于对数据进行表征学习的算法，代表了人工智能、语言智能技术所经历的从浅层机器学习到深度学习的演进。深度学习可以自动地从数据中学习到更高层次的抽象表示，在行为语义分析中具有很好的应用。当前，多种深度学习框架和模型已经在计算机视觉、语音识别、自然语言处理、音频分析、生物信息学、医疗影像处理等多个领域得到应用，并且取得了显著的成效。[①]

杰弗里·辛顿等人的工作开创了深度学习技术的快速发展时代，主流的深度神经网络模型包括卷积神经网络、循环神经网络和各种改进模型。[②] 深度学习包含监督式、半监督式和无监督式三类方法，其中监督式（以反馈算法训练 CNN、LSTM 等）研究比较深入，效果比较良好，而半监督式或无监督式方法（如 DBM、DBN 等）在深度学习初始阶段发挥了重要的启蒙作用，研究比较缓慢，但是无监督式学习将是深度学习的重要研究方向。如图 2-5

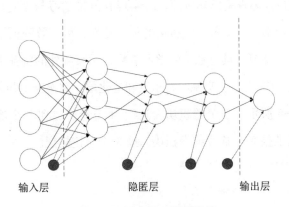

　　输入层　　　　　　　隐匿层　　　　　　　输出层

图 2-5　深度学习原理图示

---

① 腾讯研究院，中国信息通信研究院互联网法律研究中心，腾讯 AI Lab，等. 人工智能 [M]. 北京：中国人民大学出版社，2017：499.
② 余凯，贾磊，陈雨强，等. 深度学习的昨天、今天和明天 [J]. 计算机研究与发展，2013，50（9）：1799-1804.

所示，深度学习可以看成多层的神经网络模型，这个神经网络用三层结构来表示，分别为输入层、隐匿层以及输出层。

其中，隐匿层可以看作输入特征的线性组合，而隐匿层和输入层之间的权重可以视为输入特征在线性组合中的权重。隐匿层对用户来说是隐藏的，又称为中间层，隐匿层可以由一个或者多个层次组成，各层隐匿层中的每上一个隐匿层的输出都是下一个隐匿层的输入，每一层都是在表达一种中间特征，目的是将特征做非线性高阶变换。此外，随着深度增加，深度学习模型的能力呈指数级别增长。

2.5.2　主流的深度学习模型

2.5.2.1　卷积神经网络 CNN

卷积神经网络（Convolutional Neural Network，CNN）是一种具有局部连接、权值共享等特性的深层前馈神经网络，是深度学习的代表算法之一。[①] CNN 模拟人体视觉感知机理，可实现有监督学习与无监督学习，其隐含层内部的卷积函数共享及层间连接的稀疏特性，可有效降低格点化（如像素、声音等）的学习，具有稳定的学习效果，无须额外的特征改造。一个标准的 CNN 通常由输入层、交替的卷积层和池化层、完全连通层[②]以及输出层组成，如图 2-6 所示。一个卷积块为连续 M 个卷积层和 B 个池化层。一个 CNN 中，可以堆叠 N 个连续的卷积块，接 K 个全连接层。

---

① 周飞燕，金林鹏，董军. 卷积神经网络研究综述［J］. 计算机学报，2017，40（6）：1229-1251.

② 孙曙光，李勤，杜太行，等. 基于一维卷积神经网络的低压万能式断路器附件故障诊断［J］. 电工技术学报，2020，35（12）：2562-2573.

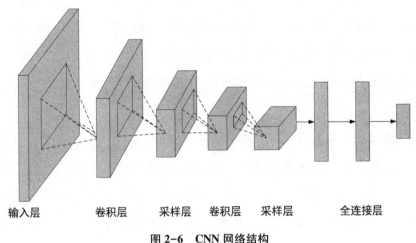

| 输入层 | 卷积层 | 采样层 | 卷积层 | 采样层 | 全连接层 |

图 2-6 CNN 网络结构

2.5.2.2 循环神经网络 RNN

循环神经网络（Recurrent Neural Network，RNN）是一类以序列（Sequence）数据为输入，在序列的演进方向进行递归（Recursion）且所有节点（循环单元）按链式连接的递归神经网络（Recursive Neural Network），21 世纪初发展为深度学习（Deep Learning）算法之一，专门通过简单结合时间层捕获序列信息来对序列数据进行建模①，其中双向循环神经网络（Bidirectional RNN，Bi-RNN）、长短期记忆网络（Long Short-Term Memory networks，LSTM）和门控循环单元网络（Gated Recurrent Unit，GRU）是常见的 RNN 网络。② 它通常成为处理用户行为的时间动态以及顺序数据的合适方法。与 CNN 网络不同，RNN 具有用于记住先前处理的记忆和循环，通常使用循环单元的隐藏单元来学习复杂的变化，隐藏单元可以根据网络中的信息发生变化，以反映网络的当前状态，RNN 使用先前隐藏状态的下一个隐藏状态激活来处理当前隐

① 杨丽，吴雨茜，王俊丽，等 . 循环神经网络研究综述［J］. 计算机应用，2018，38（S2）：1-6，26.

② 叶瑞达，王卫杰，何亮，等 . 基于残差自注意力机制的航空发动机 RUL 预测［J］. 光学精密工程，2021，29（6）：1482-1490.

藏状态。RNN 网络具有参数共享、记忆性并且图灵完备（Turing Complete）的特点，其优势主要表现在序列的非线性特征进行学习。[1] RNN 目前在语言智能技术领域发挥了很重要的作用，被广泛应用于语音识别、机器翻译、语言模型构建等多种任务。此外，RNN 也在各种时间序列预测场景中被大量使用。[2]

2.5.2.3　双向长短期记忆模型 BiLSTM

长短期记忆（Long short-Term Memory，LSTM）作为循环神经网络 RNN 的一种，在命名实体识别、文本分类、情感分析等自然语言处理任务中使用非常广泛。[3] LSTM 通过整合细胞状态，并借助输入门、遗忘门和输出门的机制来管理信息流，显著解决了标准 RNN 模型在处理长序列时面临的梯度爆炸和梯度消失问题。LSTM 的数学表达式如下：

$$i_t = \sigma(W_i[h_{t-1},\ x_t] + b_i) \tag{2-2}$$

$$f_t = \sigma(W_f[h_{t-1},\ x_t] + b_f) \tag{2-3}$$

$$o_t = \sigma(W_o[h_{t-1},\ x_t] + b_o) \tag{2-4}$$

$$\tilde{c}_t = \tanh(W_c[h_{t-1},\ x_t] + b_c) \tag{2-5}$$

$$c_t = i_t \times \tilde{c}_t + f_t \times c_{t-1} \tag{2-6}$$

$$h_t = o_t \times \tanh(c_t) \tag{2-7}$$

其中 σ 表示 sigmod 信号激活函数。tanh 表示双曲正切函数。x_t 表示单位输入。i_t，f_t，o_t 表示时间 t 时刻的输入门、遗忘门和输出门。W 和 b 分别表示输入门、遗忘门和输出门的权重和偏差。$\tilde{c}_t$ 表示输入的当前状态。c_t 表示 t 时

① 李季. 基于深度强化学习的移动边缘计算中的计算卸载与资源分配算法研究与实现 [D]. 北京：北京邮电大学，2019.
② 刘婷婷，朱文东，刘广一. 基于深度学习的文本分类研究进展 [J]. 电力信息与通信技术，2018，16（3）：1-7.
③ 夏瑜潞. 循环神经网络的发展综述 [J]. 电脑知识与技术，2019，15（21）：182-184.

刻的更新状态。h_t 表示 t 时刻的输出。

为了同时利用字符上下文信息，本研究使用 BiLSTM 来获得每个字符的上下文向量，它是正向 LSTM 和反向 LSTM 的结合。对于一个给定的句子 $x = (x_1, x_2, \cdots, x_n)$，我们使用代表在 t 时刻的正向 LSTM 隐藏层状态，类似代表反向 LSTM 在 t 时刻的隐藏层状态，通过连接相应的正向和反向 LSTM 隐藏层输出，得到最终的上下文向量 $y_t = [h_t, h'_t]$，表示在 t 时刻BiLSTM的输出①，如图 2-7 所示，它是由时刻的与分别与正向输出的权重矩阵和反向输出的权重矩阵相乘再相加，最后加上时刻的偏置量得到的，即

$$y_t = W_t h_t + V_t h'_t + b_t \tag{2-8}$$

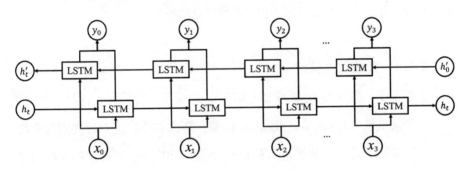

图 2-7 BiLSTM 模型结构

2.5.2.4 转换器模型 Transformer

Transformer 是 Google 的团队在 2017 年提出的一种 NLP 经典模型，Transformer 模型利用 Self-Attention 注意力机制，不采用 RNN 的顺序结构，使得模型可以并行化训练，模型训练速度快，而且能够拥有全局信息。② 其本身模型的复杂程度导致它在精度和性能上都要高于之前流行的 RNN 和

① 周丰. 基于深度学习多特征融合的命名实体识别研究 [D]. 吉林：长春工业大学，2021.

② 韩峥，钱锦辉，周星国，等. 高校智能物业报修系统的设计与实现 [J]. 计算机产品与流通，2020（7）：230.

LSTM 等模型。Transformer 和 LSTM 都是用于处理序列数据的模型，但它们的结构和工作方式有所不同。Transformer 虽然也是一种神经网络，但却是一种基于注意力机制的模型，它不需要像 LSTM 那样维护状态，因此可以并行计算，从而提高了训练速度。Transformer 还可以处理变长序列，其在精度和性能上都要高于 LSTM。Transformer 模型应用了一组不断发展的数学技术，即注意力机制，以检测数据元素相互影响和相互依赖的微妙方式。Transformer 在实时地翻译文本和语音，检测趋势和异常情况，防止欺诈、简化制造以及任何使用顺序文本、图像或视频数据的应用程序等方面具有重要应用价值。此外，使用大型数据集创建的 Transformer 可以做出准确的预测，从而推动其更广泛地使用，生成更多可用于创建更好模型的数据。

2.5.3　其他相关模型

2.5.3.1　条件随机场模型 CRF

条件随机场（Conditional Random Field，简称 CRF）是一种判别概率模型，主要应用于对序列数据进行标记和分析。CRF 是一种典型的无向图模型，在该无向图中顶点表示一个随机变量，顶点与顶点之间的边（连接）表示一个随机变量之间的依赖关系。

CRF 的无向图模型布局非常灵活，但一般多采用链式结构，无论在训练、推理还是解码等方面，都有高效的算法可以求解。[1] 目前常用的序列分类方法大多使用隐马尔可夫模型（HMM），如中文类别自动分词等。但是，在隐马尔可夫模型中，有两个假定：输出独立与马尔可夫性。其中，为了确保推理结果的正确性，需要对序列数据进行严格独立的假设，但现实中，大部分的序列数据都无法用一系列独立的事件来描述。而条件随机场是一种基

---

① 顾溢. 基于 BiLSTM-CRF 的复杂中文命名实体识别研究 [D]. 南京：南京大学，2019.

于概率图的建模方法，它既能描述长期依赖关系，又能反映重叠特性，既能克服标记（分类）偏差，又能实现全局最优解。

CRF 与深度学习或者 Attention 机制结合，在中文分词、命名实体识别、词性标注上很好识别且具有标准效果。

2.5.3.2 SoftMax 函数

SoftMax 函数又称归一化指数函数，可将包含 K 个任意实数的 K 维向量 Z 映射成 K 维矢量 $\sigma(z)$，使其各元素取值在（0，1）区间内，且所有元素总和为 1。[1] SoftMax 函数主要应用在处理多类别分类问题中。

SoftMax 函数已被广泛用于多项式 Logistic 回归、多项式判别分析、Naive-Bayes 分类、Nussian 贝叶斯分类器等。具体而言，在多项式 Logistic 回归与线性鉴别分析中，将一个函数的输入由 K 个不同的线性函数所获得，且抽样向量 x 归属于第 j 种类别的可能性为

$$P(y=j) = \frac{e^{x^T W_j}}{\sum_{k=1}^{K} e^{x^T W_k}} \tag{2-9}$$

这可以被理解为 K 个线性函数通过 SoftMax 函数整合的结果。在当前深度学习的研究中，SoftMax 函数被广泛用于深度神经网络有监督学习阶段的分类器，通常与交叉熵损失函数配合使用。[2] SoftMax 函数在学习行为情感分类中具有重要作用。

---

① 曾子明，万品玉. 基于双层注意力和 Bi-LSTM 的公共安全事件微博情感分析 [J]. 情报科学，2019，37（6）：23-29.

② 邓益侬，罗健欣，金凤林. 基于深度学习的人体姿态估计方法综述 [J]. 计算机工程与应用，2019，55（19）：22-42.

2.6　学习行为语义分析的技术应用

随着多媒体技术和语料库的迅速发展，对学习行为进行语义分析已经成为可能，而近年来，利用深度学习技术开展多模态的学习行为分析是一个研究热点。多模态学习行为分析可以利用语音、视频和文本等不同模态表达的互补信息和重复信息进行映射与融合表示，从不同模态的数据中提取特征进行融合，从而实现多模态语义的预测、回归和分类。① 近年来，由于强大的能力，多模态深度分析作为单模态学习的进一步延伸，得到了普遍关注。多模态深度分析旨在建立能够处理和关联来自多模态数据的模型，主要把语音、视频和文本三类模态数据作为研究对象，目前已在课堂教学分析领域取得了显著的进展。

课堂教学应用的多模态学习分析技术这个概念最早由 Scherer 等②在第十四届多模态交互国际会议上提出，认为多模态学习分析是多模态教学与学习、多模态数据、计算机支持的分析三个概念的复合体，旨在利用三个概念之间所形成的三角关系来描述或模拟复杂学习环境中的学生学习。传统的研究主要基于学习平台数据的采集分析层面，随着人工智能领域的发展和技术

---

① 邹芸竹，杜圣东，滕飞，等．一种基于多模态深度特征融合的视觉问答模型［J］．计算机科学，2023，50（2）：123-129.
② SCHERER S, WORELEY M. 1st international workshop on multimodal learninganalytics: extended abstract ［C］// MORENCY L, BODUS D, AGHAJAN H. Proceedings of the 14th ACM international conference on multimodal interaction. New York: ACM, 2012: 353-356.

模型的成熟，探讨与揭示深层次的学习发生机制已成为主流的研究方向，重点以智能技术关注不同教学的场景，开展多元学习空间的深度融合研究，探究学习者行为感知、认知、情感计算分析。① 特别是，整合了语音识别、计算机视觉、自然语言处理、生理信息检测以及学习平台数据收集的技术手段，以实施多维度的学习分析感知，能够实现对语音、视频、文本、生理信号和在线学习行为等不同类型数据的全方位采集、特征提取及整合，为多元模态的学习行为智能分析提供了丰富的数据基础，并通过利用不同模态之间的信息共享和互补机制，拓展了学习分析的深度与广度；在应用层面，基于多模态数据驱动的行为情境感知、认知诊断、情感计算和语义分析，有助于揭示学习规律、分析教学行为和评估教学效果。②

国内外多模态课堂学习行为分析研究主要侧重于多模态行为数据的采集分析方法、多模态课堂行为语义分析、多模态课堂行为情感分析和多模态课堂行为教学评价等内容。

2.6.1　多模态行为数据的采集分析方法

基于视频的课堂数据采集是目前课堂教学行为分析较常用的数据采集方法，即通过视频采集和提取学习者面部表情、头部运动、身体姿势等特征，计算识别学习者的相关行为。如 Tan 等③利用视频技术录制课堂活动的多模态数据，如师生对话、移动、眼神、手势、演示实物、使用设备等，为教师

---

① 王一岩，王杨春晓，郑永和. 多模态学习分析：“多模态”驱动的智能教育研究新趋向［J］. 中国电化教育，2021（3）：88-96.

② 莫兰. 复杂性理论与教育问题［M］. 北京：北京大学出版社，2004：9.

③ TAN S，WIEBRANDS M，O'HALLORAN K，et al. Analysing student engagement with 360 - degree videos through multimodal data analytics and user annotations［J］. Technology，Pedagog and Education，2020，29（5）：593-612.

精准教学提供数据支持。Vujovic 等①运用动态捕捉系统获取面对面协作学习场景中学习者的凝视方向和反应速度、学习者之间的距离和运动等行为数据。

基于语音的课堂数据采集主要利用语音识别技术采集在线线下学习者和教师的语音数据，实现对他们情绪感知、协作交流等状态的深度挖掘与分析。例如，Riquelme 等②使用应答器采集学生的语音数据，分析小组协作的持续性和激励性；陈雅淑③通过对课堂语音文件的降噪、特征提取，判断学生上课的情绪状态是兴奋、平静、低落中的哪一种。

基于文本的课堂数据采集主要通过识别学习者在线交互文本、评论文本等内容，掌握学习者的情绪感知状态、认知水平。例如，冯翔等④基于长短期记忆算法构建学业情绪自动预测模型，将学习者学习过程中产生的反馈文本进行分类，识别与分析学习者的情绪感知状态。

基于感知设备的课堂多模态数据采集，利用可穿戴设备（如智能眼镜）和植入设备（如脑接口）自动采集、编码与处理师生情绪和表情数据，可实现对情感和神经脑网络的识别，表征学习者的学习情绪或学习状态，预测教

①　VUJOVIC M, TASSANI S, HERNÁNDEZ－LEO D. Motion capture as an instrument in multimodal collaborative learning analytics ［C］// SCHEFFEL M, BROISIN J, PAMMER－SCHINDLER V, et al. Transforming learning with meaningful technologies: 14th European conference on technology enhanced learning, EC－TEL 2019, delft, The Netherlands, September 16 － 19, 2019, proceedings. Berlin: Springer International Publishing, 2019: 604－608.

②　RIQUELME, FABIAN M, ROBERTO MAC L, et al. Using multimodal learning analytics to study collaboration on discussion groups. A social network approach ［J］. Universal Access in the Information Society, 2019, 18 (3): 633－643.

③　陈雅淑. 基于语音识别的多维课堂交互分析 ［D］. 武汉: 华中师范大学, 2021.

④　冯翔, 邱龙辉, 郭晓然. 基于 LSTM 模型的学生反馈文本学业情绪识别方法 ［J］. 开放教育研究, 2019, 25 (2): 114－120.

师的某些教学活动。Prieto 等①利用头戴式便携眼动仪、脑波仪、智能手机，自动采集教师的眼动、脑波、三维加速度、视频录像和语音等数据，使用机器学习算法预测教师发布的任务等教学活动。

2.6.2　多模态课堂行为语义分析

多模态课堂情绪感知与行为分析主要借助机器学习、深度学习等算法分析师生的动作姿势、生理、心理等数据，全面科学地反映学生的学习状态、教师的教学行为和教学风格，对优化教师的教学设计、提高课堂教学质量具有重要意义。

随着自然语言处理、语音识别、生理信息识别等技术的发展，多模态师生课堂教学行为数据不仅能够反映学习者的认知发展、高阶思维、学习习惯、学习持续力等特征，还能真实反映教师教学情况。② 国内诸多研究者利用智能算法、自动标注等方式识别、提取师生课堂教与学的行为特征，以反映课堂的真实状态。例如，Ren 等③利用隐马尔可夫模型，根据脸、胳臂、手、躯干三维运动特征识别教师从讲台上拿物件、放回物件、指向学生、指向屏幕、与学生交流、解释、喝水七种动作。Fu 等④使用人体姿态识别算法

① PRIETO L P, SHARMA K, DILLENBOURG P, et al. Teaching analytics：towards automatic extraction of orchestration graphs using wearable sensors ［C］// GAŠEVIĆ D, LYNCH G. Proceedings of the sixth international conference on learning analytics & knowledge. New York：Association for Computing Machinery，2016：148-157.
② 张乐乐，顾小清. 多模态数据支持的课堂教学行为分析模型与实践框架 ［J］. 开放教育研究，2022，28（6）：101-110.
③ REN H B, XU G Y. Human action recognition in smart classroom ［C］// Proceedings of fifth IEEE international conference on automatic face gesture recognition. Washington D. C：IEEE，2002：417-422.
④ FU R, WU T T, LUO Z Y, et al. Learning behavior analysis in classroom based on deep learning ［C］// 2019 tenth international conference on intelligent control and information processing（ICICIP）. Marrakesh：IEEE，2019：206-212.

提取人体骨骼、面部和手指的关键点，通过基于卷积神经网络的分类器识别学习者听课、疲劳、举手、侧身和读写五种课堂学习行为。卢国庆等①采用人工智能引擎自动标注课堂教学行为，发现教师的读写、讲授、巡视行为较多，师生互动、生生互动较少。还有研究者从空间学角度，利用机器学习算法分析教师与学习者、学习小组的位置和距离对学习者学习状态的影响。

2.6.3 多模态课堂行为情感分析

情感是行为语义的重要组成部分，学习行为语义分析不可避免地要用到情感分析。情感分析是语言智能的重要研究内容。在这个领域，运用最多的理论模型是情感分类理论模型，主要包括离散情感模型和维度情感模型②，两种类型各有优劣，具体采用哪种模型，取决于实际应用任务和场景需求。

在信号数据的采集领域，不同模态的收集对结果的影响各不相同。作为人类交流的主要工具，语言文本在互联网上形成了巨大的数据资源库，为文本分析提供了丰富的材料来源。因此，获取语言文字信号的成本相对较低。然而，这些数据的质量问题参差不齐，常常会出现语法错误和编码混乱等现象，这可能会对情感分析的准确性产生负面影响。由于摄像头和麦克风这类传感器价格低廉且无须直接与用户发生身体接触，所以搜集如语音和面部表情这样的情感信号变得相对容易。这一类别的数据集通常庞大，相关的研究论文也颇为丰富，并且很多数据都是直接从真实环境中采集的。生理信号数据，相较于文本、语音和表情数据，其最大的优势在于能够更直接、客观和真实地揭示个体的情绪状态，受主观意识影响较小。因此，生理信号数据也成为情感计算研究的焦点之一，常用的生理信号数据包括脑波图、皮肤电反

---

① 卢国庆，谢魁，刘清堂，等．基于人工智能引擎自动标注的课堂教学行为分析 [J]．开放教育研究，2021，27（6）：97-107.

② 情感计算发展与应用研究 [J]．软件和集成电路，2023（8）：72-84.

应、眼动图等。但是，因为需要使用到复杂且昂贵的生理信号传感器，使得在实际应用中广泛收集生理数据面临挑战，目前大多数实验室和研究机构所能使用的生理数据量通常都比较有限。

早期的情感分析研究通常局限于单一模态，但单一模态下的情感识别存在限制，因为人们表达情感的方式是多种多样的。为了更准确地捕捉和理解人类情感，融合多种模态数据变得至关重要，这就凸显了多模态融合算法的必要性。通过这些算法，可以将来自多个模态的信息综合起来，形成一个稳定的多模态表征，从而有效克服单模态识别的不足。

目前，在学习行为语义分析领域，一个重要方法就是通过情感分析来识别学习者的情绪状况，并据此提供相应的反馈和调整。比如，借助情感教学智能系统，教师可以深入了解学生在课堂上的参与情况，从而实时调整授课节奏和教学内容，优化教学方案。智能系统能够通过情感分析挖掘学生感兴趣的主题，从而推荐定制化的学习内容。学生也能通过智能系统进行真实的教学反馈，以提高教学评价的综合性与准确性。智能系统的优势在于既能在传统课堂中使用，也能嵌入网络软件被应用于在线课堂。

2.6.4 多模态课堂行为教学评价方法

语言智能场景下的多模态分析研究还将带来教育教学评价的革命性转变。教学评价是指"根据一定的教育价值观或教育目标，运用可行的科学手段，通过系统地搜集信息资料和分析整理，对教育活动、教育过程和教育结果进行价值判断，从而为不断自我完善和教育决策提供依据的过程"①。传统的教学评价，就是以教学目的为基础，根据某种标准来量化教学过程和成果，并对其进行价值评判的过程。它一般包含了对学生学习成绩、教师教学

---

① 程书肖.教育评价中诸因素权重的确定 [J].教育理论与实践，1989（6）：31-32，40.

质量、课程评价等方面的内容。语言智能场景下，建立一个以学习过程为基本，以教师教学全过程大数据为基础，辅以教育政策大数据、教材大数据、教学大纲大数据和社会评价大数据的教学评估体系成为可能，将为今后在教育教学各层次的决策提供有力参考。①

2.6.5　BERT 与 ALBERT 语言预训练模型

2.6.5.1　BERT 模型

BERT（Bidirectional Encoder Representations from Transformers，BERT）是由 Google 于 2018 年提出的一种基于 Transformer 架构的深度学习模型②，主要用于自然语言处理（NLP）任务，它是一种基于无监督学习的使用大量的语料库来预训练的语言模型，旨在生成高质量的上下文相关表示。BERT 可以被微调（Fine-tuned）用于各种任务，如情感分析、命名实体识别、自然语言推理、问答系统等任务上都有着出色的表现。③

（1）BERT 模型主要使用 Transformer 模型的编码器，并且是双向的，与传统的单向模型不同的是在处理文本时会考虑左侧和右侧的上下文，使得 BERT 能够更好地理解文本中的语义。

（2）使用预训练和微调策略进行语言模型训练。在预训练阶段，BERT 在大量无标签的文本数据上进行训练，学习到丰富的语言表示。然后，在微调阶段，BERT 使用具体任务的少量标签数据进行训练，使得模型能够适应特定的任务。

---

① 张蕾 . "五位一体"的语言智能外语教育系统构建研究［J］. 海外英语，2023（23）：121-123.
② 魏媛媛 . 融合主题信息的抽取生成式摘要技术研究与应用［D］. 曲阜：曲阜师范大学，2021.
③ 李舟军，范宇，吴贤杰 . 面向自然语言处理的预训练技术研究综述［J］. 计算机科学，2020，47（3）：162-173.

（3）使用两种预训练任务训练模型：掩码语言模型（Masked Language Model，MLM）和下一个句子预测模型（Next Sentence Prediction，NSP）。MLM 任务是将输入序列中的一些单词用一个特殊的"MASK"标记替换，然后训练模型预测被替换的单词。[①] NSP 任务是训练模型预测一句话是不是另一句话的下一句。

（4）输入表示是由单词、分隔符和位置的嵌入构成的。每个单词首先被转换成一个词嵌入，然后与相应的分隔符嵌入和位置嵌入相加，形成最终的输入表示。

（5）BERT 有几种不同的模型变体，包括 BERT-Base（12 层，768 隐藏单元，110M 参数）和 BERT-Large（24 层，1024 隐藏单元，340M 参数）。除此之外，还有一些其他的变体，例如，Albert，它使用了跨层参数共享和因子化的词嵌入，以减小模型的大小。

总的来说，BERT 模型通过双向的 Transformer 编码器、预训练和微调策略，以及两种预训练任务，实现了对自然语言的深层理解，从而在各种 NLP 任务上取得了突出的成绩。但是 BERT 也有自身的缺点，主要是模型参数太多，而且模型太大，少量数据训练，容易过拟合等。

2.6.5.2 ALBERT 模型

ALBERT（A Lite BERT）是一种轻量级的 BERT 模型。Google 在 2020 年提出了 ALBERT 模型，该模型是对 BERT 的改进，是 BERT 模型变体，主要为了解决 BERT 的模型参数太多、容易过拟合的缺点，通过降低参数量缓解内存不足和训练时间过长的问题。ALBERT 主要减小模型的参数，加快了训练速度，使得模型获得和 BERT 同样的效果甚至更优，主要做了 4 方面的

---

① 吕欢欢，马宏伟，王璐，等. 文本幽默识别综述：从数据到方法 [J]. 小型微型计算机系统，2022，43（4）：684-694；杨瑞森. 基于深度学习的中文命名实体识别模型研究 [D]. 郑州：郑州轻工业大学，2023.

改进：

（1）使用矩阵分解降低参数量：使用了小一些的隐藏单元，训练一个独立于上下文的 Embedding，之后计算时再投影到隐藏的空间，相当于做了一个因式分解，通过降低词嵌入维度的方式来减少参数量。通过牺牲少量的性能，大大降低了模型的参数量，大幅提高了模型的训练速度。

（2）Attention 层共享权重：考虑到不同头的注意力可能比较相似，使用多头共享权重，少量牺牲模型效果，可以大幅降低参数的数量，还有助于模型的泛化。在进行参数迭代过程中对比 BERT 模型用 12 个 Transformer，不同的 Transformer 不同的参数，ALBERT 模型使用一个 Transformer，每一轮都迭代使用这个参数，每层输出距离和相似度都很稳定，不像 BERT 变化浮动大，不稳定。

（3）Inter-sentence Coherence Loss：NSP（Next Sentence Prediction）任务有些过于简单，把二分类问题改成 SOP（Sentence Order Prediction），即引入对于句子前后顺序的预测，模型能够学到句子间的语义关系，提高模型的性能，解决了训练效果差的问题。

（4）去掉 Dropout：BERT 模型加入 Dropout 防止过拟合，但 Albert 减少了很多参数，训练样本也足够多，不容易发生过拟合问题，因此可以去除 Dropout 提高模型性能。

2.6.6 ChatGPT 的应用

2022 年年末，ChatGPT 横空出世。ChatGPT 是 OpenAI（美国人工智能研究实验室）新推出的一种基于人工智能技术的自然语言处理工具，其神经网络架构使用了 Transformer 框架，以海量的语料库来训练语言模型，能够实现自然语言的理解和文本的生成。ChatGPT 的出现引发了教育教学领域深层次变革，它一方面展现推动教学创新的巨大潜能，能提供更具个性化和精准化的教学体验，辅助教师进行备课、教学活动设计、教学资源整合等，但另一方面也会弱化学生思维，助长学习惰性，不利于培养学生核心素养。

Rudolph 等①探索了 ChatGPT 在高等教育中的可能应用，包括为教学引入创新性评价、创新教学策略、提供实验与经验学习等。国内学者在肯定 ChatGPT 巨大潜力优势的同时，提出要正视其对教育领域的风险挑战。钟秉林②指出，ChatGPT 能够有效提高教学质量，但也可能对高等教育教学产生负面影响，如信息不准确的风险，缺乏对人际互动和同理心的培养，缺乏对创造力和批判性思维的养成，对现有的考试评价制度造成冲击等。王佑镁等③探讨了 ChatGPT 在教育中应用的潜能与限度，指出 ChatGPT 在教育中的应用可能引发四类风险。周洪宇等④提出，伴随 ChatGPT 介入教育生态，其自带的风险将乘势进入教育场域，包括知识异化风险、学生主体性异化风险、教学过程异化风险、数字伦理风险以及数字教育治理风险。卢宇等⑤把 ChatGPT 作为主要对象，探讨在教师教学、学习过程、教育评价、学业辅导四方面的潜在教育应用。

目前，已有学生在开放课堂中使用 ChatGPT 及类似智能工具完成书面作业甚至通过测试，而教师很难发现并应对。但当前对于 ChatGPT 关联教育教学领域的研究主要还停留在探讨其对教育带来的冲击和影响层面，关于 ChatGPT 对学生行为影响的研究甚少，特别是关于学生使用 ChatGPT 类工具

① RUDOLPH J, TAN S, TAN S. ChatGPT: Bullshit spewer or the end of traditional assessments in higher education? [J]. Journal of Applied Learning and Teaching, 2023, 6 (1): 1-22.

② 钟秉林，尚俊杰，王建华，等. ChatGPT 对教育的挑战（笔谈）[J]. 重庆高教研究，2023，11 (3)：3-25.

③ 王佑镁，王旦，梁炜怡，等. "阿拉丁神灯"还是"潘多拉魔盒"：ChatGPT 教育应用的潜能与风险 [J]. 现代远程教育研究，2023，35 (2)：48-56.

④ 周洪宇，李宇阳. ChatGPT 对教育生态的冲击及应对策略 [J]. 新疆师范大学学报（哲学社会科学版），2023，44 (4)：102-112.

⑤ 卢宇，余京蕾，陈鹏鹤，等. 生成式人工智能的教育应用与展望：以 ChatGPT 系统为例 [J]. 中国远程教育，2023，43 (4)：24-31，51.

的行为分析研究基本处于空白。

2.7 本章小结

传统课堂中，对学生行为语义进行分析，主要依靠人工开展，效率较慢，但在语言智能开放课堂场景下，得益于计算机和辅助设备的使用，利用深度学习技术对多模态学生行为语义进行采集、分析、评估成为可能，是非常值得研究的领域。本章对行为语义、学习行为语义、行为语义分析等基本概念做了界定，并立足语言智能视角对特征提取与融合方法、深度学习、多模态语义分析等本研究后续章节研究所要应用到的技术和理论进行了介绍，为后续研究提供了基础支撑。

第3章

语言智能场景下的学习行为语义特征提取与融合方法

　　语音、视频、文本是表达学习行为语义最常见的三种模态。在语言智能场景下，对这三种模态的学习行为语义信息进行特征提取是一个关键任务。因为不同数据模态的学习行为特征向量初始位于不同的数据空间，相似的语义向量表示也就不一样，其数据储存与表示差异性较大，如果不能进行有效融合，充分利用其语义信息进行互补，会阻碍后续模型更好开展分析任务。因此，对不同模态的语义进行提取特征后，必须将其进行融合，形成单一的，能够充分表现不同模态关系和特点的特征。因此，特征提取和特征融合也就显得尤为重要。

　　由于学习行为语义特征，不同模态数据，其特征数据表示的形态不同，比如，语音、视频是以二进制数据形式存在，而文本特征是以文本数据方式存在，这两类数据融合实现起来比较困难，需要将其映射到同一数据空间，因此，本章主要开展面向语言智能场景下的学习行为特征提取与融合方法研究，将与语音、视频、文本等常见的学习行为模态数据映射到同一文本数据空间，再进行进一步的融合处理，以便为后续开展多模态情感语义库建设、线下在线的学习行为语义智能分析打下基础。

　　本研究针对语言智能场景中的语音、视频、文本（网络动作）三种模态学习行为语义开展研究，提出一种语言智能场景下的学习行为特征提取与融合方法（A Learning Behavior Feature Extraction and Fusion Method，LBFEFM）。其内容安排如下：3.1 节先基于学习行为语义特征提取与融合方法存在的问题进行阐述，3.2 节针对语音行为特征提取进行阐述，3.3 节针对基于视频的行为语义特征提取进行阐述，3.4 节围绕文本语义特征提取做阐述，3.5 节围绕多模态学习行为特征融合基本方法和研究进展做简要阐述，在此基础上于 3.6 节提出一种基于语言智能场景的多模态学习行为语义特征提取与融合方法及工作框架。

3.1　问题描述

在开放课堂中，学习行为语义的分析研究的对象不是针对某一个具体的学习者、教师所教授的某一个班或者某个专业的学习者，而是针对某一类学生或学习者。因此，本研究对象是基于语言智能场景下的开放课堂学生，是对这些学生群体的学习行为特征进行分析，不同的场景通常需要根据不同的课程或专业进行适当调整；学生学习行为语义特征是学习者在学习过程中表现出的一种特质，具有相对稳定性，关注点基本集中在学生身上，围绕学生本身来展开；学生学习行为语义分析结果的选取通常是一些相对固定的指标，而学生学习行为情感语义分析方法则根据实际教学的不同而发生变化。

从教育学范畴来讲，学习行为特征一般指学习者学习过程中产生与其他领域或者过程不同的独有的相关特性，包括个人的、社会的、学术的、认知的或者情感的等属性。学习行为呈现出与教学活动相关联的特定属性，而不同的学习者在这些属性上的表现程度可能不尽相同。这些特性及其表现程度

82

可能与感觉输入、信息存储、提取、内在处理过程以及学习者的响应模式和组织有关。① 在进行教学设计时，哪些个体差异会对所教授的学生产生显著影响？什么样的教学设计对学习者学习行为产生正面的影响？什么样的教学方式产生负面影响？什么样的学习行为特征对教学效果产生显著影响？如何表达学习行为特征？学习行为特征如何叠加才能反映教学设计表达的正面影响？这些都是设计者最为关注的，因为设计者设计的教学是为了大多数学习者拥有正面的反馈效果。

本研究通过统计大量的文献和开展调研表明，学习行为语义分析研究的基础主要包含两方面。第一方面是把握"学习者学习的情况"，包括影响学习者知识和技能获取的要素，是一个相对稳定的结果，主要是获取学习行为的主要特征。从不同角度对学习者特征的定义可以看到，学习行为语义特征既是学生本身所具有的特质，也是与学习过程相关联的；既是群体性的，也包含学习者个性化的内容。学生学习行为语义特征包括了学生个体的身体特征、心理特征、社会特征等，其中心理特征又包含了动机、自我效能感、专业认同等情感要素，同时也包含了个人表现、学习能力等个性身体和心理特征。第二方面是如何处理学习者相关学习行为特征，将其与教学活动关联起来，帮助教学设计了解学习活动对教学设计的影响，以推动开放课堂教学质量的提升。开放课堂中，包含线下教学、在线课堂两种教学方式，线下课堂相关的学习行为主要表现为语音、表情和身体姿态等行为，以音视频数据方式表达。线上课堂，以学习者自主学习为主，辅以师生交互讨论，表现为学生登录、点击学习资源、师生交互讨论、留言、日志文件等行为，以网络动作、文本信息等数据为表达方式，因此，在语言智能场景中，学习行为多模态数据包含文本、视频、音频三类数据，如何从这三类数据中提取学习行为特征，需要设计学习情感分类标准，再根据分类标准构建这三类数据的学习

---

① 马欣悦．高职学生学习者特征及教学策略研究［D］．上海：华东师范大学，2021.

行为特征的提取与融合方法。

基于语言智能场景学习行为特征提取与融合方法，研究文献较少，已有研究中，或者研究特征提取数据模态单一，或者不适合智能化的实际教学场景，或者处理的效率较差，因此本研究重点从开放课堂的学生学习行为语义多模态数据表达方式出发，开展学习行为特征情感类型分析研究，制定特征情感类型标准，在此基础上，提出一种语言智能场景下的学习行为特征提取和融合 LBFEFM 方法，主要分为学习行为模态数据选取、多模态特征数据分类、特征提取和特征融合四个阶段。LBFEFM 方法重点关注传统课堂与开放课堂学生学习过程如何激发和支持学生学习活动顺利进行的特征要素及其差异性，这些特征要素通过问卷、多主体行为观察和智能技术工具等方式获得学习行为特征，再根据学习行为特征数据表达特征和语言智能技术处理优势，将其映射到同一文本表达空间，即将文本、视频、音频数据特征转换为文本数据表达的学习行为特征，考虑计算机处理的学习行为特征便捷性，同时再将学习行为文本表达特征转换为文本向量表示。

3.2　LBFEFM 方法及工作思路

本研究结合语言智能场景的特点，提出的 LBFEFM 方法明确选择语音、表情、动作、文本这些能够充分体现学生行为语义的数据源，在这些模态数据中，表情和动作是由视频数据获取，因此学习行为多模态数据主要包含文本、语音、视频三种模态数据。LBFEFM 方法中学习行为多模态数据获取主要有两种途径：一是通过智能教室的音视频感知模块智能采集包含语音、表情、动作等特征的音视频教学数据；二是通过在线教学平台后台数据库智能收集包含语音、文本等特征的文本和音频数据。随后，对这些数据进行提取特征，以合适方式进行特征融合，更全面地理解学习者的行为语义信息。具体处理过程如图 3-1 所示。

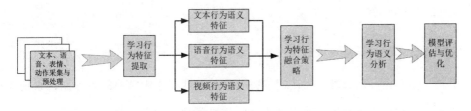

图 3-1　LBFEFM 方法的多模态数据处理过程

（1）数据采集与预处理：收集来自多种模态的数据，包含语音、表情、动作、文本等特征的数据，数据来源于语言智能场景下的开放课堂智能教室和在线教学平台后台。针对每个模态的数据，进行预处理和标准化，以确保数据的质量和一致性。

（2）特征提取。针对每个模态的数据，分别使用适当的特征提取方法，从不同的模态中抽取语义相关的特征。

（3）模态特征融合。将来自不同模态的特征进行融合，以综合地表达学习者的行为和语义信息。

（4）学习行为语义分析。使用融合后的特征作为输入，构建机器学习或深度学习模型，用于学习行为和语义的关联。可以采用分类、回归等任务，根据问题的需求进行模型设计。

（5）模型评估与优化。使用适当的评估指标，对模型进行评估，检查模型在行为语义识别和预测上的性能。根据评估结果，进行模型调整和优化，可能涉及超参数调整、特征选择等。①

---

① 李睿宇. 基于机器学习的软件缺陷预测方法研究［J］. 网络安全和信息化，2024（1）：57-59.

3.3 基于 LBFEFM 的学习行为模态数据选取

　　语言智能教育场景下开放课堂的学生学习语义特征既有普通学生学习的共性，也有由开放式教育所决定的特有性，表现在学生学习的各方面，表现在学习过程中更为显著。所以，要分析开放课堂中的学习行为语义特征，就必须要对开放课堂中学生的学习过程进行分析，只有通过对学生学习过程的科学分析，才能更好地提取和选择适合于开放课堂学生学习特点的因素。

　　多模态情感分析是指将多种蕴含情感信息的模态结合起来进行情感分析的一种任务。① 学生行为多模态情感语义分析的过程，大致可以有多个数据源产生的文本、表情、语音、视频等数据形式，或数据来自多个特征空间。大量的多模态数据源中，虽然蕴含着丰富的知识和有用的信息，但是它们的数据结构复杂，很难直接对它们进行融合处理。在智能教学场景中的全流程周期中，存在着多个信息系统采集的多模态数据，包括空间维度、时间维度、信息维度、心理维度、社交维度数据等。如何将上述数据进行有机整合，并服务于智能教学场景学生学习兴趣挖掘与决策，是一个值得研究的问题。在多模态融合系统中，各个数据源具有不同的特点，使用不同的格式表示出来。多模态学生行为特征融合，将充分利用每个数据源所提供的数据开展特征提取，然后使用相关策略进行特征融合，行为语义分析通过对融合后的特征数据进行合理分析和利用，完成最终的目标任务。

　　语言智能教育场景下的开放课堂，可以通过无线投屏、智慧纸笔实现多

---

　　① 宋云峰，任鸽，杨勇，等. 基于注意力的多层次混合融合的多任务多模态情感分析 [J]. 计算机应用研究，2022，39（3）：716-720.

屏幕、多终端交互学习模式，支持基于智慧纸笔系统回归传统自然教学状态的交互教学；智能录播系统和课堂感知系统用于记录课堂教学内容以及教师和学生的自然教学状态下的多维度行为数据记录，为教师提供课堂教学反馈；并班教学系统和在线交互系统是基于多路视频技术实现班级与班级、班级与远程在线学员、班级与远程教师等模式的跨越空间的实时交互式教学系统。同时，教育大数据云计算平台为以上应用提供底层运算和存储，并提供基于大数据的数据挖掘和分析。因此，必须充分考虑以下几个维度的多模态数据：

（1）空间维度数据。学习者所处的空间环境数据，如温度、湿度、灯光、噪声等；教师与学习者本身的位置、肢体、表情、语音、眼球动态等体征空间数据，远程学习者广域地理分布数据等。

（2）时间维度数据。所有教与学行为发生的时间数据，如教师课堂教学的提问这个教学活动，包括了空间、时间、学生的表情、心跳等在同一时刻的反应。

（3）学习信息维度数据。各种教学资源（包括视频、文档、试题、应用工具等），信息系统的各种基础数据等传统信息系统结构化数据信息，一是个人信息档案，如姓名、性别、学号、学校、年级、班级，等等。二是个人学习档案，如所有课程及每课程的进度、成绩、作业、知识点掌握，等等。三是课程档案，如课程数量、课程学习人数统计、课程资源统计、课程参与学员数、课程完成率、课程及格率、辍学率、视频人均观看次数、课程网页人均浏览数、课件下载数、作业参与率、测验参与率、发帖量、发帖率，等等。

（4）心理维度数据。针对教师、学习者的空间、时间数据通过人工智能识别后的情绪特征数据，如激动、平静、注意力集中、注意力分散等体现学习行为状态的心理特征值。

（5）社交维度数据。针对学习者在学习平台的交互行为数据，学习者个人社会特征数据，包括性别、职位、学历、岗位等，自然形成人、知识点之间的知识关系网络，分析相同知识点的不同学习者之间的共性关系等。

基于语言智能教育场景下的开放课堂，需要结合具体教学实践，通过上述不同维度的数据选取适当的学习语义特征，特征能够充分体现学生学习情感要素，通过进一步数据搜集与分析，对选取的这些特征进行修订与验证。在本研究中，开放课堂分为在线、线下两个阶段，通过选取语音、表情、动作、文本这些能够充分体现学习行为语义的数据开展特征提取与分析，是比较合适的模态数据源。

3.4　学习行为的多模态特征数据分类

在语言智能场景中，学习行为多模态数据包含文本、视频、音频三类数据，因学习行为特征的情感分类标准是学习行为分析的基础，需要将三类数据对应的情感特征进行情感类型的划分。为了合理规划多模态语义数据特征的情感分类，有利于学习行为语义的智能化处理，本研究根据学生学习行为多模态数据的特点综合分析，综合考虑后初步构建情感词类型框架，将学生学习情感极性分为积极、比较积极、中性和消极四种，如表3-1所示。

对于音频数据的处理，经过大量的研究，本研究将学习行为情感特征分类为高昂、满意、比较满意、交互型、沉默、惊讶、平静、紧张、不满、犹豫、疑问等11种情感类型，其中积极行为包含高昂、满意等音频情感特征，比较积极行为包含比较满意、交互型等音频情感特征，中性行为包含沉默、惊讶、平静等音频情感特征，消极行为包含紧张、不满、疑问、犹豫等音频情感特征，每种情感特征在实际课堂按照以下标准进行识别：

表 3-1 多模态情感分类标签与程度词

情感极性	音频情感类型	视频情感类型	文本情感类型	情感标志
积极	高昂、满意	书写、举手、起立等动作	满意、激励、喜欢、高兴、很好	2
比较积极	比较满意、交互型	微笑、关注前方、与教师交流等动作	基本满意、有趣、感兴趣、不错、可以	1
中性	沉默、惊讶、平静	低头、抬头、端坐等动作	中性	0
消极	紧张、不满、疑问、犹豫	趴桌、左顾右盼、玩手机等动作	困惑、担心、沮丧、疲倦、厌恶	-1
程度词：更、最、太、忒、好、真、非常、十分、特别、极其、较、比较、稍微、不大、有点儿、有些、不				

（1）高昂：当课堂氛围热烈，声音激昂且较大时标注为高昂；

（2）满意：学生回答问题及时，课堂无嘈杂声，教师对学生的回答表示满意和赞扬时标注为满意；

（3）比较满意：学生回答问题及时，课堂无嘈杂声，教师对学生的回答表示比较满意和赞扬时标注为比较满意；

（4）互动型：当课堂师生互动多，交流多标注为互动型；

（5）沉默：课堂静默、处于无人讲话状态或者低声讨论状态时标注为沉默；

（6）惊讶：发出惊讶声，教师对学生的回答表示惊讶时标注为惊讶；

（7）平静：课堂大部分时间的情况，课堂正常没有表现出明显的情感波动时标注为平静；

（8）紧张：课堂出现此类情况较少，学生回答问题声音较小、说话语无伦次标注为紧张；

（9）不满：课堂出现此类情况较少，教师明显对学生的回答感到不满意或者情绪激动时标注为不满；

（10）犹豫：课堂出现此类情况较少，学生回答问题磕巴，不确定自己的回答是否正确时标注为犹豫；

（11）疑问：教师反问或者疑问时标注为疑问。

对于视频数据的处理，我们参考本人前期研究提出的 LBREM 方法①，如图 3-2 所示，学习行为分为积极、比较积极、中性和消极四类，其中书写、

书写　　　　起立　　　　举手
积极学习行为特征

微笑　　　与教师交流　　关注前方
比较积极学习行为特征

端坐　　　沉思　　　抬头　　　低头
中性学习行为特征

趴桌　　开小差　　睡觉　　左顾　　右盼
消极学习行为特征

图 3-2　视频数据的学习行为特征分类

---

① 周楠，周建设.基于深度学习的学生行为分析与教学效果评价 [J].现代教育技术，2021，31（8）：102-111.

举手、起立等为积极行为；微笑、关注前方、与教师交流等为比较积极行为；低头、抬头、端坐等为中性行为；而趴桌、左顾右盼、玩手机等为消极行为。

对于文本数据，本研究参考了多个常用情感类型，如表 3-2 所示，通过对 500 条学习行为文本数据进行预处理，根据情感词组的性质进行智能分析，统计出现的频次，得到了 12 个类别的情感标签，如表 3-3 所示，具体包括非常满意（163 频次）、比较满意（140 频次）、激励（122 频次）、感兴趣（12 频次）、喜欢（10 频次）、高兴（10 频次）、不满（19 频次）、困惑（8 频次）、沮丧（6 频次）、疲倦（5 频次）、厌恶（3 频次）、无感（2 频次）。

表 3-2　常用情感类型

情感分类	数量	具体表现
Ekman① 基本情感	6 种	Happiness，Anger，Sadness，Fear，Disgust
李艳等② MOOC 学习情感	9 种	兴奋、压力、期待、信心、不舍、紧迫感、愉悦感、挫败感、逐渐适应
梅英等③学习情感	16 种	高兴、兴奋、自豪、热情、感激、满足、轻松、愤怒、冷静、焦虑、自卑、沮丧、厌倦、失落、羞愧、倦怠
刘鲁川等④微博用户情感体验	16 种	开心、兴奋、有趣、充实、沮丧、轻松、愤怒、新奇、自由、惊喜、无趣、喜欢、烦躁、悲伤、焦虑、困惑

① EKMAN P，FRIESEN W V. Constants across cultures in the face and emotion ［J］. Journal of Personality and Social Psychology，1971，17（2）：124-129.

② 李艳，张慕华. 高校学生慕课和翻转课堂体验实证研究：基于 231 条在线学习日志分析 ［J］. 现代远程教育研究，2015（5）：73-84，93.

③ 梅英，谭冠政，刘振焘. 面向智慧学习环境的学习者情感预测方法 ［J］. 计算机辅助设计与图形学学报，2017，29（2）：354-364.

④ 刘鲁川，孙凯. 社会化媒体用户的情感体验与满意度关系：以微博为例 ［J］. 中国图书馆学报，2015，41（1）：76-91.

其中"非常满意"和"比较满意"出现的频次最高，学习者从不同角度表达了对学习的满意感，涉及对学习内容使自己知识增长（"让知识很好地展现给我们，受益匪浅"），学习内容促进自己信息化教学能力提升（"这些学习内容对我们未来信息化教学有重大助推作用，非常满意"），自身学习状态（"学习安排非常合理"），丰富的课程资源（"大量的案例教学和视频课程资源，让我们大开眼界"），主讲教师教学效果（"老师的讲解也非常好"），责任教师的帮助（"多亏责任教师的帮助，让我能及时有效掌握教学安排"）的满意。

作为出现频次多的"激励"，学生表达了对继续努力学习课程（"下周要继续努力学习本门课程，争取取得更好效果"），在今后的实践中学以致用（"我会将这些知识应用于我今后的工作中，取得更大收益"），努力学好相关技能为今后工作做准备（"在工作实践中我还要更加努力，不辜负在本门课程中学习到的知识"）的自我激励。

作为排名第三的"感兴趣"情感，学生表达了对后续学习（"我对接下来的课程充满了兴趣"），在未来工作中应用所学（"我是公务员，我非常感兴趣将自己所学日后运用到日后工作上"），信息化教学美好前景（"对于今后我们的教育随着科技的创新发展的日新月异充满了兴趣"）的感兴趣。

消极情感"不满"的出现频率也比较高，主要针对学生自身能力，而非面向课程。学生主要表达了对自身学习状态不足的反思（"年纪大了，学习能力不如以前了"），对自身信息化教学能力不足的反思（"用不惯在线系统，还是不太会使用"），也有学生表达了对教育现状的反思（"现在的在线教育还是应该提高一些，不能老这样"）。其他负面情感的表达涉及课程内容陌生或困难、课程活动过多或单一、课程要求过多或不明、学习时间受限或不足等问题，以及因自身能力欠缺感到的压力，因学习过程推进导致的疲惫，表达了学生一定的不满与困惑，体现了学生的批判思维能力。

92

表3-3 情感标签 单位：次

序号	情感词语	统计频次	序号	情感词语	统计频次
1	非常满意	163	7	不满	19
2	比较满意	140	8	困惑	8
3	激励	122	9	沮丧	6
4	感兴趣	12	10	疲倦	5
5	喜欢	10	11	厌恶	3
6	高兴	10	12	无感	2

也有很多学生持"中性"情感，主要是表达对课程无所谓的态度（"课程设计还行，不是特别满意，也不是特别失望"）。

由此，明确12个类别的情感标签（见表3-3），并进一步归纳为积极行为、比较积极行为、中性行为和消极行为4类情感极性，其中积极行为包括非常满意、激励、喜欢、高兴4种，比较积极行为包含比较满意、感兴趣2种，消极行为包含不满、困惑、沮丧、疲倦、厌恶5种以及中性行为，并相应赋予情感标志，如表3-1所示。

此外，对于情感极性的划分，程度词起着关键的作用，比如，"我喜欢这门课程"这个句子，属于积极行为，加上程度词"比较"后组成语句"我比较喜欢这门课程"，属于比较积极行为，加上程度词"不"后组成语句"我不喜欢这门课程"，属于消极行为。

3.5 基于LBFEFM的学习行为语义特征提取

在语言智能场景中，考虑语言智能处理工具的特点，LBFEFM方法一般将多模态信息预处理为文本信息的表示形式，其中音频信息可通过 openSMILE 和 Librosa 等语音处理工具，提取其音高（Pitch）、能量（Energy）、语速（Speaking Rate）等韵律特征和频谱、功率谱、倒频谱等谱特征或者 Wav2vec 工具直接提取音频数据表示，识别为文本情感信息，视频信息则通过 3D-CNN 算法和 OpenFace 算法识别人物的头部位置、脸部标志、脸部动作单元、头部朝向、视线追踪、几种基础的情感面部表情信息、CNN-LSTM 混合网络算法识别人体动作，再生成高层语义学习行为情感文本信息，再将学习行为情感文本信息通过文本向量工具转换为对应的学习行为特征向量表示以利于计算机的特征信息处理，如图 3-3 所示。因此，LBFEFM 方法的学习行为语义特征提取重点考虑学习行为语义文本特征的提取。

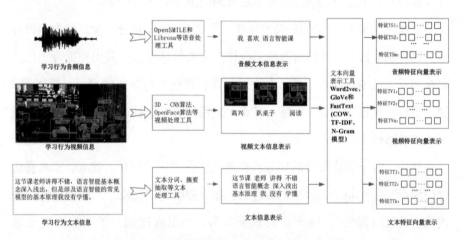

图 3-3 基于 LBFEFM 的学习行为多模态数据文本信息表示方法

在文本信息中，很多字词是没有实际意义的，比如，"的""了""得"等，因此要将其剔除。停用词（Stop Word）是一类既普遍存在又不具有明显意义的词，在英文中如"the""of""for""with""to"等，在中文中如"啊""了""并且""因此"等。由于这些词的用处太普遍，去除这些词，对于学习行为语义分析没有什么不利影响，相反可能改善语义分析的效果。

因此，在学习行为语义特征提取之前，需要将停用词、辅助词等无关紧要的信息去掉。

在学习行为语义分析中，文本的特征包括字、词组、短语等多种元素表示。一个文本数据集库中通常包含几万到几十万个不等的词组，这些词组组成的向量规模非常巨大，给计算机的计算带来了很大的难度。特征提取是指找出最能反映文本语义的短语要素。特征提取能够有效地减小问题规模，提升行为语义分析的运算效率，而选择什么样的特征对于理解过程中的计算效率有着至关重要的作用。而学习行为语义分析的特征提取包括两个步骤：特征项的选取和权值的确定。但实际上，两者之间的区别并不是很大，主要流程就是按照一定的评估指标，对原有的特征项（词项）分别进行打分，选取分数较高的部分，剔除剩余的部分。LBFEFM 方法根据不同语音智能场景，选择不同模型和文本向量工具进行特征提取，主流的模型主要是基于词袋模型 BOW、词频—逆文档频率模型 TF-IDF、N 字节片断关联模型 N-Gram 等传统模型和基于深度学习特征提取模型。基于深度学习特征提取模型已经在前述章节中介绍，以下章节将介绍 BOW、TF-IDF 和 N-Gram 三种模型的特征提取与文本特征向量表示方法。此外，考虑到计算机处理的效率以及区分不同学习行为特征的数据表，需要将学习行为特征进行向量化表示。

3.5.1　基于词袋模型 BOW 的特征提取

词袋模型 BOW 是最原始的一种特征提取模型，它不考虑文本中词或者词汇的语法、语序，而是采用一系列不连贯的词或者词汇来表示文本信息或者句子。具体例子如下：

句子 1：我/有/一本/书

句子 2：我/明天/上课

句子 3：你/今天/上课

句子4：我/有/我/最好的/朋友

把所有词丢进一个袋子：我，有，一本，书，明天，上课，你，今天，最好的，朋友。这4句话中总共出现了这10个词。

据此建立一个无序列表：我，有，一本，书，明天，上课，你，今天，最好的，朋友。并根据每个句子中词语出现的次数来表示每个句子，见表3-4。

词袋模型生成的特征叫作词袋特征，该特征的缺点是词的维度太大，导致计算困难，且每个文档包含的词语数远远少于词典的总词语数，导致文档稀疏。仅仅考虑词语出现的次数，没有考虑句子词语之间的顺序信息，即语义信息未考虑。

表3-4　无序列表

	我	有	一本	书	明天	上课	你	今天	最好的	朋友
句子1	1	1	1	1	0	0	0	0	0	0
句子2	1	0	0	0	1	1	0	0	0	0
句子3	0	0	0	0	0	1	1	1	0	0
句子4	2	1	0	0	0	0	0	0	1	1

3.5.2　基于TF-IDF模型的特征提取

TF-IDF模型主要是用词汇的统计特征来作为特征集，TF-IDF由TF（Term Frequency，词频）和IDF（Inverse Document Frequency，逆文档频率）两部分组成，利用TF和IDF两个参数来表示词语在文本中的重要程度。TF和IDF都很好理解，我们直接来说一下其计算公式：

TF是词频，指的是一个词语在一个文档中出现的频率，一般情况下，每一个文档中出现的词语的次数越多，词语的重要性越大（当然要先去除停用词），例如，BOW 模型直接用出现次数来表示特征值。问题在于长文档中的词语次数普遍比短文档中的次数多，导致特征值偏向差异情况，所以不能仅仅使用词频作为特征。TF 体现的是词语在文档内部的重要性。

文档频数（Document Frequency，DF）是一种最简单的特征提取方法，它描述了一组含有该词的文本数。具体方法即对训练文本集中的每一个特征进行词频统计，并按照预设的阈值剔除出频率较低或较高的特征。文本频率通过对大量样本进行线性逼近复杂性度量，具有运算量小、适应性强等优点，是一种常见的特征降维方法。

TF = 单词在一篇文章中出现的次数÷这篇文章的总词汇数，例子见表 3-5：

句子 1：我/有/一本/书

句子 2：我/明天/上课

句子 3：你/今天/上课

句子 4：我/有/我/最好的/朋友

逆文档频率 IDF，一个单词的逆文档频率，由全部文档数除以包含该单词的文档数，再取对数得到，计算公式为

IDF = log（全部文档数÷包含该词的文档总数+1）

IDF 是体现词语在文档间的重要性。如果某个词语仅出现在极少数的文档中，说明该词语对于文档的区别性强，对应的特征值高，很明显包含某特征词的文档总数值越小，IDF 的值越大。

表 3-5 TF 示例

	我	有	一本	书	明天	上课	你	今天	最好的	朋友
句子 1	0.25	0.25	0.25	0.25	0	0	0	0	0	0
句子 2	0.33	0	0	0	0.33	0.33	0	0	0	0

续表

	我	有	一本	书	明天	上课	你	今天	最好的	朋友
句子 3	0	0	0	0	0	0.33	0.33	0.33	0	0
句子 4	0.40	0.20	0	0	0	0	0	0	0.20	0.20

用 IDF 计算公式计算上面句子中每个词的 IDF 值,见表 3-6:

表 3-6 IDF 示例

	我	有	一本	书	明天	上课	你	今天	最好的	朋友
句子 1	$\log(2.33)$	$\log(3)$	$\log(5)$	$\log(5)$	0	0	0	0	0	0
句子 2	$\log(2.33)$	0	0	0	$\log(5)$	$\log(3)$	0	0	0	0
句子 3	0	0	0	0	0	$\log(3)$	$\log(5)$	$\log(5)$	0	0
句子 4	$\log(2.33)$	$\log(3)$	0	0	0	0	0	0	$\log(5)$	$\log(5)$

TF-IDF 方法的主要思路是一个词在当前类别的重要度与在当前类别内的词频成正比,与所有类别出现的次数成反比。可见 TF 和 IDF 一个关注文档内部的重要性,一个关注文档外部的重要性,最后结合两者,把 TF 和 IDF 两个值相乘就可以得到 TF-IDF 的值:

TF-IDF = TF×IDF

上面每个句子中,词语的 TF-IDF 值,见表 3-7:

表 3-7 TF-IDF 示例

	我	有	一本	书	明天	上课	你	今天	最好的	朋友
句子 1	0.25×log (2.33)	0.25×log (3)	0.25×log (5)	0.25×log (5)	0	0	0	0	0	0
句子 2	0.33×log (2.33)	0	0	0	0.33×log (5)	0.33×log (3)	0	0	0	0

	我	有	一本	书	明天	上课	你	今天	最好的	朋友
句子3	0	0	0	0	0	0.33×log (3)	0.33×log (5)	0.33×log (5)	0	0
句子4	0.4×log (2.33)	0.2×log (3)	0	0	0	0	0	0	0.2×log (5)	0.2×log (5)

把每个句子中每个词的 TF-IDF 值添加到向量表示出来就是每个句子的
TF-IDF 特征。

例如，句子 1 的特征：[0.25×log (2.33)，0.25×log (3)，0.25×log (5)，
0.25×log (5)，0，0，0，0，0，0]

3.5.3 基于 N-Gram 模型的特征提取

N-Gram 是一个建立在统计语言建模基础上的算法，基于这样一种假设：
第 N 个单词只和前 N-1 个单词有关联，和其他单词不存在关联，整个句子的
概率为单词出现概率的积，而概率可以通过对语料库中对 N 个单词同时出现
的频率进行计算来获得。[①] 模型主要思路是对文本中的每一个字节进行一次
长为 N 的滑动窗运算，从而构成一个长为 N 的字节片断序列。每个字节片断
被称作 Gram，它会根据预先设置的阈值来计算每个 Gram 的出现频率，并根
据预先设置的阈值对其进行筛选，从而得到一个关键 Gram 清单，即该文本
的向量特征空间，其中每个 Gram 都是一个特征向量维度。常用的是二元的
Bi-Gram 和三元的 Tri-Gram。主要计算方法：

二元的 Bi-Gram：

$$P(w_i \mid w_{i-1}) = \frac{C(w_{i-1}w_i)}{C(w_{i-1})} \tag{3-1}$$

[①] 张丹妮. 基于双路特征和 GANs 数据扩充的 Android 恶意软件检测方法研究 [D]. 太
原：山西大学，2023.

n 元的 Bi-Gram：

$$P(w_i \mid w_{i-n-1}, \cdots, w_{i-1}) = \frac{C(w_{i-n-1}, \cdots, w_i)}{C(w_{i-n-1}, \cdots, w_{i-1})} \qquad (3-2)$$

举个例子：

我 今天 去 北京开放大学 上 语言智能课

相应的 Bi-gram 特征：我/今天 今天/去 去/北京开放大学 北京开放大学/上 上/语言智能课

相应的 Tri-gram 特征：我/今天/去 今天/去/北京开放大学 去/北京开放大学/上 北京开放大学/上/语言智能课

N-Gram 产生的特征只是作为文本特征的候选集，之后可能会采用 BOW、TF-IDF 等文本特征选择方式筛选出比较重要特征。

虽然 BOW、TF-IDF、N-Gram 等传统模型是从文本中提取特征的有效方法，但是由于模型本身就是一袋非结构化的单词，丢失了额外的信息，比如，每个文本研究档中围绕邻近单词的语义、结构、序列和上下文。在语音或图像识别系统中，所有的信息都已经以丰富密集的特征向量的形式存在于高维数据集中，如声谱和图像像素强度。然而，当涉及原始文本数据时，尤其是基于计数的模型处理的是单独的单词，不能捕获单词之间的语义关系，导致文本数据中巨大稀疏的词向量，如果没有足够的数据，可能会得到糟糕的模型，甚至由于维数爆炸而过度拟合。因此有必要探索更复杂的模型，捕捉额外信息，提供单词的向量特征表示，即通常所说的嵌入。

3.5.4 词嵌入特征表示及工具选取

词嵌入技术（Word Embedding）就是将词语或短语从词汇表映射到向量的实数空间中，这样词义的语义信息就能以数值的形式表达出来。词嵌入技术的基本原理源于语言学的"分布假说"（Distributional Hypothesis），即"一个词的含义可以通过其上下文来体现"。通过训练模型，其学会预测一个词在给定上下文中的出现概率，就可以得到这个词的向量表示，即词嵌入。举个例子，我们可以把"人工智能"这个单词映射成一个向量 $[0.1, 0.7, -0.2, \cdots]$，把"语言智能"映射成 $[0.4, -0.3, 0.7, \cdots]$，这样计算机在看到向量 $[0.1, 0.7, -0.2, \cdots]$ 时，就能够理解这个单词是"人工智能"了。

这些词嵌入能捕获到词语之间的语义和语法关系，例如，近义词的向量会在空间中更靠近，而反义词则会更远离。此外，还能捕获到词语的一些其他特性，如性别、复数、时态等。

词嵌入使寻找相关或者相似的词成为可能。向量的距离可以用最传统的欧式距离来衡量，也可以用 cos 夹角来衡量。用这种方式表示的向量，"人工智能"和"语言智能"的距离会远远小于"人工智能"和"课程"的距离，甚至在可能的理想情况下，"人工智能"和"语言智能"的表示应该是基本一致的。

词嵌入一般使用 Word2Vec、GloVe 和 fast Text 等工具提取词的向量表示。

3.6　基于 LBFEFM 的学习行为语义多模态
特征融合方法

在 LBFEFM 方法中，多模态特征包含语音、视频和文本三类特征，经过语言智能工具进行特征提取分别表示为音频文本特征、视频文本特征、文本特征等特征表达形式，再使用文本向量工具生成文本向量表示，需要将所提取的特征进一步地拼接融合，使得学习行为更好反映出学习行为语义特征，从而利用其所表现出来的语义特征来强化模型训练，使模型输出特征向量能够尽可能地表达出更多的语义信息，进而提升学生学习行为情感极性分类效果。特征融合的方法在第2章已经介绍，一般可以采取两种方式：特征拼接和加权求和。两种融合方式具体如图3-4所示。

从图3-4可以看出，两种方法均有可行性，但各有优势。基于加权求和的特征融合方法，其优势在于融合了三个向量的重要信息，减少了维度，方便了计算，但存在加权过程丢失重要的语义信息的问题。而特征拼接是将多个向量拼接到同一向量中，虽然提升了向量维数，但总体保持了原始的语义信息。就行为语义分析来说，分析过程更加侧重于对动作整体语义的理解，所以理论上应该尽量保持原始的、完整的语义信息，有利于提升关系提取的性能。因此，本研究多采用特征拼接的融合方法。据此，学习行为特征融合的向量表示如下：

$$T = TS \oplus TV \oplus TT \tag{3-3}$$

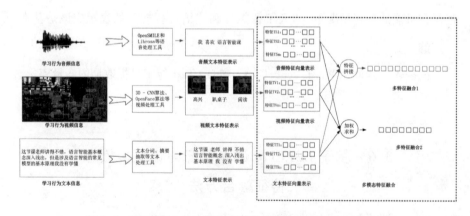

图3-4 LBFEFM方法的学习行为多模态特征融合工作流程

从公式（3-3）可以看出特征向量 T 主要包括三种类型的向量——音频行为情感特征 TS、视频行为动作特征 TV 和文本情感特征向量 TT，能够正确反映出学生对学习的情感态度，能够表征出更多的语义信息。比如，某学生学习"语言智能模型"知识点时发出与知识无关的声音，表现出负面，即

$TS<0$，或者学习过程在玩手机，其视频情感动作表现为负面，即 $TV<0$，假如他评价"语言智能模型讲得不错"，反映了该学生对知识点"语言智能模型"情感正面，即 $TT>0$，那么学生行为与知识点相关度综合评价 $T<0$，总体表现为负面情感，因而多特征融合能够表征出更多的语义信息。

3.7　小结

学习行为语义分析的前提是语义特征的提取和融合。特征融合就是要在最大程度上保留原始信息的语义完整性，并在此基础上推导出语义的整体分布态势。多模态之间的互补性语义往往是相互独立的，在模态信息互补的过程中往往会产生大量的噪声信息，从而导致语义冲突与重复，引发模型的过度拟合。如何对多模态之间的关联、互补信息进行深度挖掘，并剔除冗余与噪声，是多模态特征融合分析面临的一个挑战性问题，也是今后多模态特征融合分析研究的重要方向。同时，选取适当的学习行为特征也是十分重要的，本章基于语言智能场景下的开放课堂选取包含语音、视频（表情、动作）、文本等多模态学习行为提出 LBFEFM 的特征提取和融合方法，构建相应框架流程，为后续章节中的下一步工作奠定基础。

第 4 章

语言智能场景下的学习行为多模态情感语义库建设

学习行为语义关联着认知和情感状态的动态变化,利用基于多模态数据的智能分析技术,能够有效地监测和分析学生的情感状态及对特定情境的反应。这样的分析有助于实时调整教学方法,并对学习效率进行监控和管理,而其中语义库建设是基础和关键。当前在语言智能技术的加持下,以海量的情感数据为支撑,推进情感语义资源库建设,能够有力支撑多模态行为语义识别任务。

本章首先介绍了当前多模态语义库建设面临的问题,然后提出一种学习行为多模态情感语义库智能建设方法 MCMESD (A Method for Constructing a Multimodal Emotional Semantic Database,MCMESD),在基于智能分析平台建立情感语义标注体系的基础上,设计了多模态情感语义库智能建设流程,并通过对比实验证明 MCMESD 方法开展多模态情感语义智能标注的效果。

4.1 问题描述

4.1.1 多模态情感语义库建设存在的难点

情感识别的研究必须依赖于一个精确且丰富的情感语义库，语义库的真实性和数量是情感识别研究的关键要素。传统的语义库主要包含简单的语音、摄像、图片资料，它们被收集并存储在一个统一的数据库中。根据研究目的和用途，传统的语义库可以分为以下类别：

（1）异质数据库，这种数据库没有特定的语料数据收集原则，而是广泛收集各种类型的语料，包括不同的语言或图像，并将这些语料原样存储在数据库中。

（2）同质数据库，这种数据库只收集同类内容的语料，比如，只收集某种语言语料。

（3）系统数据库，这种数据库根据事先确定的原则和比例来收集语料数据，使语料数据具有平衡性和系统性。通过这个数据库可以代表某一范围内的语言事实。

（4）专用数据库，只收集用于某一特定用途的语料，比如，只收集用于语音识别、情感分析等特定任务的语料。

传统的语义库大多只包含单一或两个模态的情感数据，比如，只有少量的双模态表情语音数据库，而更复杂，包含三种或更多情感模态的数据库则更为稀缺。多模态数据库则是一个更复杂的系统，它不仅采集了语音信息，还可能包括其他类型的数据，如视频、图像等，其通过同时采集两种或两种以上模态的特征信号来建立。

4.1.1.1 国外多模态情感语义库建设情况分析

国外研究机构和学者在多模态情感数据库的研究方面起步较早,并取得了一系列重要成果,并且逐渐从单模态向多模态转变。

(1)在基于图像模态的表情识别语义库方面,保罗·艾克曼等[1]早在1977年就提出了面部运动编码系统这个具有里程碑意义的突破性成果,该系统采用了44个独立运动的表情活动单元来描述面部动作,从而使得对面部表情的识别更加准确和全面,其还定义了六种最基本的表情:恐惧、惊奇、厌恶、愤怒、悲伤和高兴。这六种基本表情成了情感数据库研究中的重要基石,对于后来的研究和应用产生了深远的影响。基于保罗·艾克曼所提出的六种基本表情或其子集表情,国内外许多学者在情感识别领域进行了深入研究,并提出了一系列有效的算法。随着技术的不断进步,情感语义库的研究也在不断拓展和深化。除了面部表情识别之外,研究者还开始关注其他身体部位的信号,如手势、眼神等,以期建立更为全面的情感识别系统。

(2)在基于多模态的语义库方面,国外成果建设比较丰富。如ErlangenCLP唇裂音频语料库主要针对德语语料数据进行建设,该语料库包含了818名唇裂或裂患者的语音数据,主要数据类型有鼻音过重或过少、发音部位后缩、齿间发音等数据。此外,为评估发音是否受到唇裂或裂缺陷的影响程度,数据库还提供380名正常发音的人进行了对照比较。CHIL语义库[2]是一个判断人机互动的音视频两种模态的资源库,该数据库采集86场典型的会议场景的音视频资料,详细标注了这些会议中的各种会话、人声和声音事件以及与

---

[1] EKMAN P, FRIESEN W V. Facial action coding system (FACS): A technique for the measurement of facial actions [J]. Rivista Di Psichiatria, 1978, 47 (2): 126-38.

[2] MOSTEFA D, MOREAU N, CHOUKRI K, et al. The CHIL audiovisual corpus for lecture and meeting analysis inside smart rooms [J]. Language Resources & Evaluation, 2007 (41): 389-407.

会者的面部特征等细节信息，这些数据对准确感知会议中人机互动情况提供重要的音视频数据资源。IFADV 语义库则是为研究荷兰语的多模态交际提供丰富的资源和数据支持而建设的多模态数据库，该数据库录制了 34 名参与者在非正式对话的场景，包含了总计约 69 万单词的荷兰语音视频语料，为多模态话语识别和追踪提供了重要支持。NESPOLE！数据库主要是针对英语、意大利语及德语之间自动口译建设的多语种多模态资源库，该数据可用于电子商务中的多语言多模态交际场合，以提高自动口译的效率，语义库中包含对英语、意大利语和德语之间的口译装置中模拟的情景远程视频以及进行了详细标注的副语言信息（手势描述、话语转换等）990 分钟的音视频语料。

4.1.1.2　国内研究多模态情感语义库建设情况分析

目前，国内多模态情感语义库的建设仍处于探索和起步阶段，国内学者主要从多模态的框架和理论发展着手，涉及的领域包括多模态话语分析、多模态口译、多模态教学应用等，研究成果丰富多模态领域的理论体系，也为实际应用提供了有力的支持。如张霄军①探讨了多模态语料库在保护濒危语言方面的重要性；黄立鹤②曾详细阐述了多模态语料库的建设和应用方法，并对多模态语言研究的前景进行了展望。

虽然起步较晚，但国内机构和学者也建立了一批情感语义库。ACCorpus FI 人脸表情图像数据库③是一个庞大的数据集，由清华大学和中国科学院心理研究所合作录制，采集了 500 名在校大学生的 9 类姿态人脸图像，使用了

---

① 张霄军．多模态语料库：抢救濒危语言的有效途径［C］//中国中文信息学会民族语言文字信息专委会．民族语言文字信息技术研究：第十一届全国民族语言文字信息学术研讨会论文集．南京：南京师范大学文学院，2007：7.
② 黄立鹤．语料库 4.0：多模态语料库建设及其应用［J］．解放军外国语学院学报，2015，38（3）：8.
③ 彭永超．基于 Android 的车载语音助手设计与实现［D］．北京：北京交通大学，2019.

4500 张图像，这些图像采用了自然光和蓝色背景，以模拟真实的面部表情环境。为了获得更全面的人脸信息，数据采集时要求被试者分别注视上下、左右、正前方 9 个方向人脸数据，包含 9 种不同人头姿态的照片。除了 9 种姿态的人脸照片数据外，ACCorpus FI 还同步采集了没有对人眼的注视方向做任何要求的上述被测试者的二姿态人脸图像。因此，该数据库中包含了 950 张二姿态人脸图像，可以用作面部表情识别的训练集。通过使用这个训练集，研究人员可以训练出高效的面部表情识别算法，提高对不同人脸表情的准确识别能力。

CASIA 汉语情感语料库①包含 6 种情感语料，分别是中性、悲哀、生气、害怕、惊奇、高兴，每种情感包含 400 句语料，其中前 300 句是中性文本，另外 100 句是带有情感倾向的文本。该情感语义库可用于研究不同情感状态下语音的声学特征和韵律表现。

从国内外研究看，建立一个多模态情感语义库能够提供更丰富、更全面的语义信息，有助于更好地理解和研究情感，可以为广大的情感识别研究者提供丰富多样的多模态情感数据。这样的语义库不仅可以为研究者提供更多的可能性，让他们从不同的角度和方法来探索情感识别的问题，而且也能够推动情感识别领域的研究进展。更重要的是，这样一个全面且丰富的数据库可以大大加速语言智能的研究进程，因为它将提供更多的数据资源，使得研究者能够更快地验证他们的理论和模型，从而加快语言智能的发展步伐。

4.1.2 特定领域语义库建设存在的难点

在特定领域的情感识别任务中，情感语义库是一种重要的工具。特定领域的文本数据通常具有一定的特点和规律，情感语义库在特定领域的情感识

---

① 卢宇，余京蕾，陈鹏鹤，等. 生成式人工智能的教育应用与展望：以 ChatGPT 系统为例 [J]. 中国远程教育，2023，43（4）：24-31，51.

别任务中往往能够取得较好的效果。例如，在医疗健康领域，情感语义库可以帮助医生更准确地判断患者的情绪状态，从而提供更好的医疗服务；在社交媒体领域，情感语义库可以帮助平台更好地理解用户的情感需求，从而提供更个性化的内容推荐。国内外很多研究者构建了不同类型的情感词库或情感语义库。典型的有 Wu 等①通过提取目标词与情感词，构建意见词库，并进行情感词极性分类；以及部分研究者创建的股票市场的情感词库，使用 StockTwits 大型标记数据集，在现有的情感词库基础上，调整和扩展特定领域的情感词，提高了特定领域情感分析的性能。

特定领域的情感语义库在特定领域情感识别任务中具有比较好的效果，但也存在通用性不强的问题，因为许多情感词具有专业性特点，在不同领域呈现的差异性很大，展现的情感倾向也不同，且不同领域的情感表达方式和语言习惯存在差异，导致情感语义库在跨领域应用时可能无法完全适用。以一个在医疗健康领域表现出色的情感语义库为例，虽然它在理解和解析医学文献、患者反馈和医生建议等文本数据方面表现出色，但这并不意味着它可以轻易地扩展到其他领域。再以影视、时尚、运动等领域为例，"粉丝"这个词在这些领域中通常被用来表达一种积极的情感，如热爱、崇拜或支持。然而，在食材领域，"粉丝"这个词可能并没有明确的情感含义，它只是一个描述某些食物形状的词语，与情感无关。因此，即使情感语义库在影视、时尚、运动等领域中表现良好，也不能保证它在这些特定领域中也能取得同样的效果。

在现有的情感语义库中，大部分的研究主要集中在对情感的极性分析上，即关注情感是积极的还是消极的，往往忽视了情感强度。情感强度是一

---

① OLIVEIRA A N. Stock market sentiment lexicon acquisition using micro-blogging data and statistical measures-ScienceDirect [J]. Decision Support Systems，2016，85（C）：62-73.

个更为复杂的概念，它涉及情感的强烈程度和持久性。一种积极的情感可能在某些情况下会变得非常强烈，而在其他情况下则可能相对较弱。同样，一种消极的情感也可能在不同的情境下表现出不同的强度。此外，情感强度的赋值也是一个重要的问题。在我们的日常生活中，我们经常会对某些情感进行赋值，比如，将快乐、悲伤、愤怒等情感赋予一定的数值或者等级，可以帮助研究者更好地理解和评估情感状态，也可以为一些特定的应用提供有价值的信息，比如，情绪识别、情绪调节等。

相关方法和模型的效果好坏直接受制于语义库的标注规模大小和标注质量的高低，而当前语义库大多采用手工标准，建设效率比较低下，且数据规模量不大，对方法、模型的效果产生了不利影响。总之，构建特定领域情感语义库，其主要的困难在于构建耗时较长，语义库模态较少，构建方法通用性较差，适配其他领域较难等。

4.1.3 基于学生学习行为的多模态情感语义库建设存在的难点

4.1.3.1 学习行为语义识别符合语义库建设需求

一个理想的情感语义库应该尽可能地包含真实的情感数据。首先，真实性是构建情感语义库的首要原则。在数据库中存储的情感数据必须是人们真实经历过的情感体验。[①] 这意味着这些数据应该来源于真实的生活场景，反映人们在日常生活中的情感状态和反应，真实情感数据才能为科学研究提供可靠的参考和依据。其次，交互性也是情感数据库的重要特征之一。语义库中的情感数据应该是人们在与他人互动的过程中产生的，这符合情感识别研究的人机交互目的，能够更好地模拟真实情境下的人际互动，分析交互数据可以更好地理解情感的产生、传递和变化过程。再次，连续性。情感语义库中的数据集应该涵盖连续的情感场景，其中存在着多种情感状态的转移，数

---

① 宣守盼. 多模态情感数据库的研究与建立 [D]. 上海：华东理工大学，2013.

据应该能够反映出情感的变化和发展过程，而不仅仅是单一的情感状态，连续性的数据可以更好地帮助研究人员捕捉到情感的细微变化和复杂性。最后，丰富性是构建一个全面的情感语义库的另一个重要原则。语义库中的情感数据必须包含各种待识别的情感类型。这意味着语义库不仅应该包含积极和消极的情感数据，还应该涵盖其他各种类型的情感。

在现有的研究中，多采用访谈类节目的录像作为获取真实面部表情及情感语音的来源。然而，这种研究方法存在一些局限性。首先，访谈节目中的对话者所表现出来的情感种类相对较少，无法全面覆盖所有基本情感类型，研究者可能无法准确地捕捉到某些特定情感的细微差别，从而影响研究结果的准确性和可靠性。其次，访谈节目中的图片背景通常较为复杂，可能会干扰研究者对面部表情和情感语音的观察和理解，导致面部表情和情感语音的识别和分析变得困难，使得研究结果受到一定程度的偏差。因此，此前很多研究者多采用诱导的方式建立情感语义库，但也有一些问题。如谢环[1]通过改变语音文本的上下文环境，使其能够产生出与原始文本相同但情感状态却有所不同的情感语音从而建立了语音库，成功地诱导出了情感语音，使得语音文本的情感表达更加丰富和立体。然而，这种方法在诱导多模态的情感表现上还存在一定的不足，因为情感反应往往是强烈而复杂的，只有在情感强烈的情况下，人们才会通过多种"渠道"表现出这种情感，也就是产生真实的多模态情感数据。温万惠[2]尝试使用国际情绪图片系统来诱导特定的情感反应，然而结果并不如预期那样理想。具体来说，只有部分的图片（例如，大型事故现场的图片）能够有效地诱导出特定的情感反应，而其他的图片则效果不佳。因此，部分研究者对原有的情感生理信号采集方案进行改进后，

---

[1] 谢环. 基于特征选择与融合的语音情感识别研究与实现 [D]. 南京：南京航空航天大学，2008.

[2] 温万惠. 基于生理信号的情感识别方法研究 [D]. 重庆：西南大学，2010.

选择包含实验参与者所熟悉的历史和文化背景的电影片段和电视剧剪辑作为情感诱导素材，不仅具有吸引力，而且与实验参与者的生活经验和文化背景紧密相关。改进的方案能够更有效地诱导出实验参与者的情感反应。

根据以上情况，教学课堂场景的设计和构建完全符合最真实、连续的情感语义库的需求。课堂中的情感素材包括但不限于学生在课堂上的各种情绪反应，如对新知识的好奇、对难题的困惑、对成功的喜悦、对失败的失落等，都是真实的情感体验，能够更好地帮助学生理解和掌握知识，同时也能让他们在学习过程中体验到更丰富的情感变化。这种类型情感语义库的建设也有助于教师更好地理解和引导学生的情感发展。通过观察和分析学生在课堂上的情感反应，教师可以及时发现学生的问题，调整教学策略，以适应学生的情感需求。同时，教师也可以通过这种方式，更好地理解自己的教学方法和效果，从而不断改进和提高教学质量。

4.1.3.2 学习行为语义识别需要选择合适的模态

心理学家梅拉宾①曾提出，人类的情感由 7% 的话语内容、38% 的语气声调，以及 55% 的面部表情组成，理论揭示了人类情感表达的多元性，强调了非语言信息在情感交流中的重要作用。梅拉宾的理论进一步指出，人类的情感是通过这些外在的信息，如话语内容、语气声调和面部表情等进行表现。随后，研究者开始关注到，除了面部表情、声音语调和话语内容这些可以直接感知的信息外，文本信息、生理信号也表现出情感的不同与变化。然而，由于这些生理信号没有面部表情、声音语调和话语内容这三种信号直观，人们无法通过眼睛和耳朵直接获取。

相关研究表明，情感语义识别研究选取模态时主要关注多方面。其中，面部表情、情感语音、身体姿态以及生理信号成了研究的重点。为了采集这

---

① MEHRABIAN A, RUSSELL J A. An approach to environmental psychology [M]. Cambridge：MIT, 1974.

些信号，情感识别研究所采用了不同的传感器设备。其中，摄像头被广泛应用于面部表情和身体姿态的采集。通过高清摄像头，研究人员可以实时捕捉个体的表情变化和身体姿态，从而更好地理解他们的情感状态。此外，麦克风也被用于采集情感语音，以获取个体的声音表达和情感共鸣。通过综合运用这些多维度的数据采集方式，情感语义识别研究所能够更加准确地分析个体的情感状态。这种综合方法不仅丰富了数据来源，还为情感语义识别技术的发展提供了更多可能性。

教学领域拥有丰富的模态信息，因此也要选择合适的模态。Blikstein等①学者将多模态学习分析划分为文本分析、语音分析、草图分析、笔迹分析、动作和手势分析、眼睛凝视分析、情感状态分析、神经生理标记分析、多模态整合与界面分析等九个范畴，涵盖多种数据类型和学习评价维度。陈凯泉②将这九个范畴数据按数据特征分为外显数据、心理数据、生理数据和基本数据四种类型，为后续学者理解不同类型数据在多模态学习中的作用、探究数据与评价间的关系提供了重要参考。通过对多模态数据的深入挖掘和分析，教育者和研究人员可以更好地了解学习者的需求和特点，从而制定更加有针对性的教学策略和干预措施。此外，多模态数据的分析还可以为教育政策制定者提供有力的依据，帮助他们更好地调整教育资源分配和优化教育环境。

目前，多模态学习分析技术已经成为一项引人注目且具前瞻性的教育领域创新，它在学习评价中扮演着举足轻重的角色。通过采用多种数据来源，如文字、图像、音频和视频等，多模态学习分析技术能够更全面、更深入地

---

① BLIKSTEIN P，WORSLEY M. Multimodal learning analytics and education datamining：using computational technologies to measure complex learning tasks ［J］. Journal of Learning Analytics，2016（2）：220-238.

② 陈凯泉，张春雪，吴玥玥，等 . 教育人工智能（EAI）中的多模态学习分析、适应性反馈及人机协同 ［J］. 远程教育杂志，2019，37（5）：24-34.

洞察学习者的学习过程，从而为教育者和学习者提供更具有洞察力的评价结果。在这个不断发展的数字化时代，学习评价需要更加适应多样化的学习方式和个体差异，多模态学习行为语义分析技术正是为了满足这一需求而诞生的。

如上所述，多模态情感分析已逐渐成为研究的热点，而多模态情感语义可以分为多主体和单主体两种形式，其中多主体一般指在同一样本中存在两个以上的主体，并且它们之间存在一定的互动。IEMOCAP 数据集是早期的多模态多主体情感语义库之一①，其由南加州大学 SAIL 实验室收集，包含文本、语音、视频、面部表情等多个模态数据，由 10 位演员根据剧本表达情感和即兴创作生成，总时长约为 12 小时，包含 10000 个句子。② 此外，也可通过影视剧集，如情景喜剧，构建多模态多主体语义库。③ 除了多主体情感语义外，单主体的多模态情感语义是另一种常见的表达形式，以此为基础的语义库只包含单个主体的情感表达或对某事物的评论，语义库数据主要来源于社交媒体上的视频评论。

除了语音和视频模态外，多模态语义库还应包括一些与姿势和动作相关的数据，如眼球追踪等。然而，基于学生学习动作行为的多模态情感语义库相对不足，限制了学习行为情感分析技术的进一步发展，并且由于学习行为情感语义库的数据具有多模态特性，数据量也大，很难采用手工标注构建。

---

① 徐琳宏，刘鑫，原伟，等. 俄语多模态情感语料库的构建及应用 [J]. 计算机科学，2021，48 (11)：312-318.

② BUSSO C, BULUT M, LEE C C, et al. IEMOCAP：Interactive emotional dyadic motion capture database [J]. Language Resources and Evaluation，2008，42 (4)：335-359.

③ BERTERO D, FUNG P. Predicting humor response in dialogues from TV sitcoms [C] // 2016 IEEE international conference on acoustics, speech and signal processing (ICASSP). Shanghai：IEEE，2016：5780-5784.

综上所述，为解决学生学习行为多模态情感语义资源稀缺和数据处理效率低的问题，本章借助语言智能技术，提出了一种多模态情感语义库智能建设方法 MCMESD，并尝试智能构建一个多模态情感语义库，探讨该语义库在语言智能开放课堂场景中的应用，并研究学习行为情感语义的特点。

4.2　MCMESD 方法中情感语义的标注体系设计

结合开放课堂的特色，MCMESD 方法选择了文本、语音和动作等模态开展学习行为语义库建设。在开放课堂中，文本首先是表达学生状态的一种重要方式。通过分析学生的写作和阅读理解能力来理解他们的思想表达和学习理解过程，包括文字的语法结构，还包括字词的含义和使用环境，以及学生如何根据不同的情境选择和使用语言。其次，学生在课堂中的语音也很重要，通过分析学生在课堂上的语言表达习惯，如他们的语速、语调、停顿以及使用的词汇类型等，可以帮助我们更好地理解学生的学习风格和交流能力。此外，综合考虑学生在课堂中的动作，包括他们在课堂上的肢体语言、面部表情以及与同学的互动方式等，这些重要的非言语信息可以提供更丰富的关于学生情感状态和社交能力的信息。

基于 MCMESD 方法构建的学习行为多模态情感语义库的数据一般来源于智能教学课堂和在线教学平台，其数据主要包括教学音频数据、视频数据和文本数据等，不同模态数据的处理方式也不同。根据语音、视频和文本数据各自的特点，需分别使用不同的语言智能技术工具对这些不同模态的行为数据进行情感智能识别与标注，标注的内容包括情感类型、场景和情感内容等信息。

因此，本研究提出的 MCMESD 方法主要通过语言智能技术与人工核查相结合的方法，开展情感识别与标注，构建学习行为多模态情感语义库。为了确保语言智能技术工具能够更好实现对学生行为数据的正确处理和自动标注，首先要建立一个高质量的标注体系，主要包括标注单元及智能标注框架，其中使用的情感分类框架是第 3 章描述的情感分类方法的内容，学习行为多模态数据包含文本、视频、音频三类数据，学习情感极性分为积极、比较积极、中性和消极四种；音频数据的学习行为中积极行为包含高昂、满意等音频情感特征，比较积极行为包含比较满意、交互等音频情感特征，中性行为包含沉默、惊讶、平静等音频情感特征，消极行为包含紧张、不满、疑问、犹豫等音频情感特征；视频数据的学习行为中书写、举手、起立等动作为积极行为，微笑、关注前方、与教师交流等为比较积极行为，低头、抬头、端坐等为中性行为，而趴桌、左顾右盼、玩手机等为消极行为；文本数据的学习行为中积极行为包括非常满意、激励、喜欢、高兴 4 种，比较积极行为包含比较满意、感兴趣 2 种，消极行为包含不满、困惑、沮丧、疲倦、厌恶 5 种以及中性行为。

语义的标注单元是单一学生主体的一段话语或一组动作。在语义库的智能标注过程中，针对同一学生主体连续表达相同情感的短句或动作，将酌情进行合并，以减少冗余标注。对于较长的语句或连续的动作，进行适当的分割。同时，合并和分割的过程中，坚持不合并不同主体的话语或动作的原则，以确保后续对学生主体的性格特点和情感倾向进行分析时的准确客观和数据标注的标准规范。

4.2.1 智能标注框架信息类型

智能标注框架由三大部分构成：内容（Content Part, CP）、时空（Space-time Part, SP）以及情感（Emotion Part, EP）。其中内容（CP）主要包括学

生主体行为情感的文本信息、声音信息和视频信息，这部分主要通过智能教学场景的感知传感器（音视频设备）采集或者教学平台系统后台中自动获取；时空（SP）主要包括开始位置或时间、结束位置或时间等，此部分信息可以通过语言智能工具从教学视频自动识别获取；情感（EP）主要包括情感类型、情感极性等，需要通过人工或者构建智能化方法进行处理得到。其中，内容（CP）信息的来源包括原始的学生学习行为文本数据，如论坛讨论、师生互动、知识点学习互动、知识点留言评价等非结构化文本数据，以及智能教学场景所获取的视频中包含的学生学习行为动作视频和音频。情感（EP）为显式情感信息和隐式情感信息两种类型，其中显式情感信息反映的是字面语言表达的情感，而隐式情感信息是字面语言无法直接表达的情感，主要通过字面语义计算出人物内心的真实情感。

4.2.2　自动标注框架组成

根据多模态行为语义情感语料库的信息类型，本研究自动标注框架主要由一个三元组（CP，SP，EP）和13个要素所构建，13个要素分别如下：

（1）学习行为原始文本数据（Learning behavior Text Data, LTD）；

（2）学习行为原始视频数据（Learning behavior Video Data, LVD）；

（3）学习行为原始音频数据（Learning behavior Sound Data, LSD）；

（4）从原始视频中截取若干图像构成的行为集合数据（Learning behavior Images Data, LID）；

（5）情感片段开始位置（时间）数据（Start Time Data, STD）；

（6）情感片段结束位置（时间）数据（End Time Data, ETD）；

（7）行为语料文本截取片段（Episodic of Learning Behavior Text, ELT）；

（8）行为语料视频截取片段（Episodic of Learning Behavior Video, ELV）；

（9）行为语料音频截取片段（Episodic of Learning behavior Sound，ELS）；

（10）情感类型（Emotion，EM）；

（11）情感极性（Sentimental，SE）；

（12）显式情感（Explicit Emotion，EE）；

（13）隐式情感（Implicit Emotion，IE）。

其中，内容（CP）包含学习行为原始文本数据（LTD）、学习行为原始视频数据（LVD）、学习行为原始音频数据（LSD）、从原始视频中截取若干图像构成的行为集合数据（LID）四个要素。

时空（SP）包含情感片段开始位置（时间）数据（Start Time Data，STD）、情感片段结束位置（时间）数据（End Time Data，ETD）、行为语料文本截取片段（Episodic of Learning Behavior Text，ELT）、行为语料视频截取片段（Episodic of Learning Behavior Video，ELV）、行为语料音频截取片段（Episodic of Learning Behavior Sound，ELS）五个要素；其中以当前原始数据的起始点为时间参考点。

情感（EP）包含情感分类（Emotion，EM）、情感极性（Sentimental，SE）、显式情感（Explicit Emotion，EE）、隐式情感（Implicit Emotion，IE）四个要素。情感分类有许多常见的划分方式，角度不一样划分方式也不一样，比如，取值为乐、好、怒、哀、惧、恶、惊和中性等，每个大类划分的细化情感类别将在下文中详细介绍；情感极性，分为积极、比较积极、中性和消极4类；EE（Explicit Emotion）/IE（Implicit Emotion）代表的是显式情感/隐式情感。情感表达过程中会出现学习者字面语言表达的直接情感和间接语言表达的情感，对于间接语言表达的情感需要标注字面情感。

总体记为［CP（<LTD>/<LVD>/<LSD>/<LID>），SP（<STD>，<ETD>，<ELT>/<ELV>/<ELS>），EP（<EM>，<SE>，<EE>/<IE>）］。

实例如下。

1. 文本信息"语言智能课周建设教授讲得很好，语言智能发展历程深入浅出，但是语言智能的技术模型我没有学懂，下课了学生兴高采烈，久久不愿离去"。标注建设语料库的信息：

CP（<LTD="语言智能课周建设教授讲得很好，语言智能发展历程深入浅出，但是语言智能的技术模型我没有学懂，下课了学生兴高采烈，久久不愿离去">）

SP（<STD=1>，<ETD=14>，<ELT="语言智能课周建设教授讲得很好">），EP（<EM="好">，<SE="积极">，<IE="真">）

SP（<STD=15>，<ETD=26>，<ELT="语言智能发展历程深入浅出">），EP（<EM="好">，<SE="积极">，<EE="真">）

SP（<STD=29>，<ETD=42>，<ELT="语言智能的技术模型我没有学懂">），EP（<EM="困惑">，<SE="消极">，<IE="真">）

SP（<STD=46>，<ETD=51>，<ELT="学生兴高采烈">），EP（<EM="高兴">，<SE="积极">，<IE="真">）

SP（<STD=46>，<ETD=51>，<ELT="学生兴高采烈">），EP（<EM="高兴">，<SE="积极">，<EE="真">）

SP（<STD=52>，<ETD=57>，<ELT="［学生］久久不愿离去">），EP（<EM="高兴">，<SE="积极">，<IE="真">）

2. 视频文件"学生动作片段.mp4"，视频有学生微笑、端坐、睡觉和趴桌等动作，如图4-1所示，标注建设语料库的信息：

微笑　　　　　　端坐　　　　　　睡觉　　　　　　趴桌

图4-1 视频信息标注实例

CP（<LVD="学生动作片段.mp4">）

SP（<STD=00：04：11>，<ETD=00：04：16>，<ELV="学生动作片段.mp4">），EP（<EM="微笑">，<SE="积极">，<EE="真">）

SP（<STD=00：07：23>，<ETD=00：07：28>，<ELV="学生动作片段.mp4">），EP（<EM="端坐">，<SE="中性">，<EE="真">）

SP（<STD=00：07：23>，<ETD=00：07：28>，<ELV="学生动作片段.mp4">），EP（<EM="端坐">，<SE="中性">，<IE="真">）

SP（<STD=01：20：34>，<ETD=01：20：39>，<ELV="学生动作片段.mp4">），EP（<EM="睡觉">，<SE="消极">，<EE="真">）

SP（<STD=01：27：04>，<ETD=01：27：09>，<ELV="学生动作片段.mp4">），EP（<EM="趴桌">，<SE="消极">，<EE="真">）

4.3　基于 MCMESD 的学习行为多模态情感语义库智能建设方法

基于 MCMESD 方法的多模态情感语义库智能建设以语言智能技术与人工处理相融合的方式开展，分为四个阶段。

在第一个阶段中，确定适合的数据来源，包括学生的上课行为、在线测试成绩、教师的观察记录、学习平台上的后台数据和视频数据等。从这些数据源中提取文本、语音和视频三种模态的数据。过程涉及数据的收集、清洗和预处理等多个步骤，以确保数据的质量和可用性。

在第二个阶段中，制定智能标注规范后，运用不同的语言智能算法对三种模态的数据进行标注，包括机器学习、深度学习等多种技术。通过这些算法，可以从数据中提取出学生的学习行为模式、情感状态等信息。

在第三个阶段中，筛选经验丰富的标注人员，这些人员不仅需要具备良好的专业知识和技能，还需要有丰富的实践经验，以便他们能够准确地理解和执行标注任务；选定人员后开始进行人工标注调整矫正的工作。

在第四个阶段中，将标注的多模态数据进行智能融合与入库，最终成功构建多主体的学习行为多模态情感语义库。

具体流程如图4-2所示。

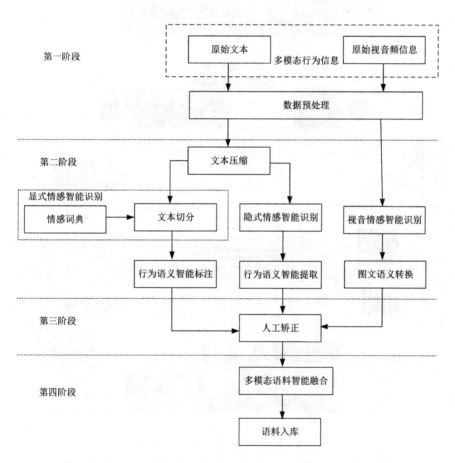

图4-2 基于 MCMESD 的学习行为多模态语义库的智能建设方法

4.3.1　行为数据采集和预处理

在本研究中，通过两种方式进行数据采集和获取。第一种是选择了一种基于语言智能场景的开放课堂智能教室环境中进行数据采集的方式。在这种环境下，通过音视频感知模块，利用智能化技术对音视频教学数据进行了智能采集，能够有效地获取到教师的授课内容、学生的学习行为等多元化的信息。图 4-3 显示了某开放课堂教育系统的交互平台整体结构。通过视频感知模块、计算机后台采集学生学习行为的多模态数据，用于语义识别过程。

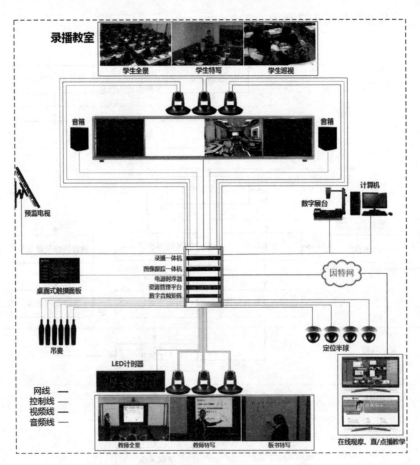

图 4-3　某开放课堂教育系统的整体结构

系统通过建立的教学行为模型对学生学习行为进行捕捉和分析，系统组成见图 4-4。系统由"2 台摄像机+内置分析系统的录播主机"构成，摄像机完成学生画面的拍摄，由分析系统完成课堂教学行为和教学内容的分析。

❶ 教师全景摄像机　　❷ 学生全景摄像机　　❸ 录播主机（含AI分析模块）

图 4-4　系统组成

系统采用先进的录播技术，实现了全过程全高清拍摄的录制效果。它具备处理多路并发的能力，可以同时处理 9 路并发的 1080P 超清信号，确保采集输入信号的高质量。① 通过这一技术，用户可以享受到清晰、细腻的画面效果，无论是在观看直播还是回放录像时都能获得极佳的视觉体验。为了适应不同录制现场的环境情况，系统还支持多种视频信号混合输入，包括 SDI 视频信号、远端视频信号和 HDMI 高清视频信号等。这种灵活的输入方式可以根据实际需求进行选择，从而保证录制视频效果达到最佳状态。无论用户身处何地，只需接入相应的视频信号源，即可轻松实现高质量的视频录制。除了全程全高清录制外，该系统还具备智能分析功能。通过对录制过程中的

---

① 邱真，刘海丽．高校食堂劳育平台智慧课堂建设方案探索［J］．中国现代教育装备，2023（5）：17-20，24.

图像进行分析，系统能够自动识别出画面中的物体、人物以及运动轨迹等信息，并生成相应的标注信息。这些标注信息可以帮助用户更好地理解录制内容，提高学习或观赏的效果。具体效果见图4-5。

图4-5　视频采集效果

另一种数据获取方式是通过在线教学平台后台数据库进行智能收集。在线教学平台通常会有大量的文本和音频数据，这些数据包括了学生的作业提交、教师的讲义上传、互动讨论记录等。这些丰富的在线学习数据，不仅情感信息类型多样，而且符合学生学习行为多模态情感语义库智能构建对数据的要求。因此，我们选择这种方式来获取更全面、更深入的学生学习情况和教师教学情况。

数据采集完成后，数据的预处理过程就是至关重要的一步，主要是通过数据清洗来获取对应的文本、语音和图像三种模态的信息。这个过程主要包括去除无关的信息、纠正错误的信息、填补缺失的信息等步骤，以确保数据的质量和准确性。经过数据清洗后，得到了干净、规整的数据集，为后续的语义分析做好了准备。

4.3.2　基于 MCMESD 的智能标注方法

通过教学系统获取的学生学习行为数据之后，就要进行智能标注。

4.3.2.1　基于音视频的智能标注

对音视频数据，通过实时采集数据或者录像的方式进行智能标注，核心在于快速检测学习者表情和姿态并进行定位。主要流程是首先利用人脸检测和人脸识别技术，实现对学习者人脸的检测、定位和身份识别。其中，人脸检测需要准确检测学生的人脸位置，比较成熟的算法是 SSH 算法；而人脸识别则需要识别学生的身份信息，比较典型的算法是 FaceNet 算法。将 SSH 算法和 FaceNet 算法紧密配合，可以通过对学生人脸的定位和检测，很好地识别学生身份信息。其次，通过人脸表情和身体姿态来识别学生的学习状态和学习行为。对于人脸表情的识别，其主要算法是 CNN；而身体姿态的识别，可使用三维卷积神经网络的方法（3D ConvNet）与 CNN 算法两者结合，能够很好地实现对学生学习状态与行为效果的识别，主要流程如图 4-6 所示。

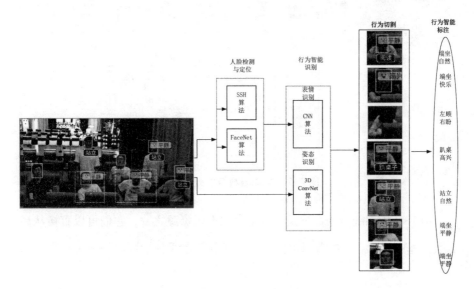

图 4-6　音视频语料智能标注过程

4.3.2.2 基于文本的智能标注

通过学习平台获取学习互动文本并进行预处理后，使用情感语义分析模型 ESAM (Emotional Semantic Analysis Model Based on Language Intelligence Theory，ESAM)① 开展自动分析。使用 ESAM 模型的工作过程主要分以下几步：一是学生在线行为文本数据智能获取；二是文本行为数据预处理；三是文本压缩，去掉不影响情感分类的非必要信息；四是使用情感语义智能识别模型进行文本分词、情感相关特征提取和识别，判断是显式情感还是隐式情感，以便智能分类处理；五是行为语义智能识别与标注。整体流程框架如图 4-7 所示。

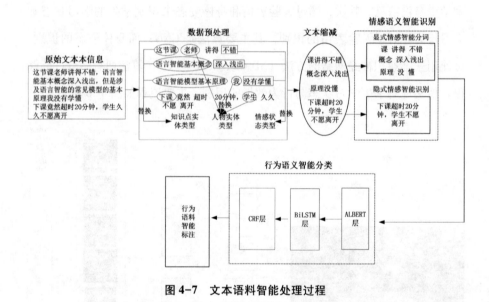

图4-7　文本语料智能处理过程

（1）学生在线行为数据是学习平台的重要资源之一，它们可以直接从后台数据库中获取。这些数据包括了教学章节等在线教学资源的相关信息，以

---

① 周楠，周建设. 语言智能场景下在线课程学习行为情感语义分析与效果评价 [J]. 现代教育技术，2023，33（8）：96-106.

及学生在学习过程中产生的文本数据。

其中，教学章节等在线教学资源是学生在线行为数据的重要组成部分。学习平台通常会为每个课程提供相应的教学章节，学生在平台上进行学习时会接触到这些章节。通过收集学生的学习行为数据，可以了解学生对不同章节的关注度和学习进度，从而为教师提供有针对性的教学指导和评估依据。学生学习过程文本数据也是学生在线行为数据的一部分。学生在学习过程中可能会记录笔记、提问、讨论等，这些文本数据反映了学生的学习思考和交流情况。通过对这些文本数据的分析和挖掘，可以发现学生的学习难点和问题，帮助教师及时调整教学策略，提供更好的学习支持。学生的网络点击、浏览等行为数据同样也是学生在线行为数据的重要来源。学习平台通常会记录学生的点击记录、浏览历史等信息，通过分析这些数据可以了解学生的学习兴趣和偏好。例如，如果一个学生频繁点击某个章节或资源，可能说明他对这个主题非常感兴趣；而如果一个学生浏览的内容比较广泛，可能说明他对该领域有更广泛的了解和探索意愿。

（2）对输入的数据进行预处理。在数据预处理的过程中，主要是提取学习过程中的师生互动、论坛留言以及课程和知识点的评价内容。这一步骤的目标是从大量的原始数据中筛选出有用信息，剔除那些无关紧要的内容，如注水贴、签到帖、标点符号、特殊字符缩写以及俚语等。为了实现这一目标，使用语言智能处理工具，自动识别并初步标注课程实体名、知识点名、情感词、程度词以及句子等信息。自动化的处理方式大大提高了工作效率，同时也减少了人为错误的可能性。同时，我们还将这些文本中的课程实体名、教学知识点名、程度词、情感词以及语义特征转化为序列化的学习行为数据，可以更好地反映学生的学习行为和情感状态，为我们后续的智能标注提供了有力的支持。

（3）文本缩减。在保证学生学习行为和情感特征的提取与分类不受影响的前提下，可以通过文本压缩技术来实现文本的缩减。这种压缩方式可以有效地减少文本的长度，而不会改变其原有的语义和情感内容。例如，原始文本"语言智能课周建设教授讲得很好，语言智能发展历程讲得深入浅出，但是语言智能的技术模型我没有学懂，下课了学生兴高采烈，久久不愿离去"经过缩减后，可以变为"课讲得不错，发展历程讲得深入浅出，技术模型没有学懂，学生不愿离去"。尽管长度有所减少，但这两个句子所包含的情感语义仍然是积极的。

此外，还可以使用抽取式摘取的方式从原文本中筛选出重要的信息，并将这些信息组合成摘要，从而实现文本的缩减。这种抽取式的摘要方法能够更好地保留原文本的核心信息，同时也能够提高文本的可读性。本研究选择使用 TextRank 算法来进行文本缩减。TextRank 是一种基于图模型的排序算法，它能够通过分析文本中的词语关系，来确定每个词语的重要性。通过这种方式，TextRank 能够很好地实现文本的缩减，同时也能够保持原文本的语义和情感内容不变。

（4）情感语义智能识别。在学生行为情感分析中，有两种情况：一种是包含明显的情感词语（如高兴、漂亮、讨厌等）的句子，称为显式情感文本；另一种是句子不包含情感词语，很难直接判断其情感类别，语义表达更加含蓄，这种称为隐式情感文本。在显式情感文本处理中，需要对此类文本首先使用语言智能工具进行分词和标注词性，同时进行文本情感智能识别，而隐式情感文本处理则不需要进行分词和标注词性，但需要对文本整体进行情感智能识别。

（5）情感语义分析智能分类重点是如何从非结构化文本信息中提取课程教学知识点及其情感语义特征并进行归类和标注，需要使用语言智能工具开展文本情感分类特征提取。语言智能工具中的 ALBERT 模型并行性好，又适合捕获长距离特征，具有参数量小、训练速度快、学习效果强等优势，对于从非结构化文本中提取教学知识点实体并进行情感极性分类方面具有很好的效果。本研究选取哈工大讯飞联合实验室发布的全词覆盖的中文 BERT 预训练模型，该模型在多个中文数据集上取得了当前中文预训练模型的最佳水平，效果甚至超过了原版 BERT、ERINE 等中文预训练模型，在此基础上结合教学知识点库和学生行为语料库以 ALBERT 模型为基础开展 Fine-Tuning，输入带有教学知识点实体、程度词和情感词的词向量，采用全词覆盖方式加以训练，主要思路：

首先，使用 ALBERT 模型获取学生行为情感语义动态特征；其次，通过双向长短期记忆 BiLSTM 深度学习融合上下文特征信息；最后，使用随机转移场模型 CRF 层对 BiLSTM 的输出序列处理，结合 CRF 中的状态转移矩阵，根据相邻之间标签得到一个全局最优序列，对课程实体、教学知识点进行命名实体识别提取并获取对应的学习行为情感语义极性，并根据极性进行智能标注。

4.3.3　标注矫正调整

在多模态数据通过智能系统进行标注后，为了确保标注的准确性和一致性，通常还需要进行人工的标注调整。这一过程是为了纠正智能系统中可能存在的错误或遗漏，以及优化标注结果的质量。首先，尽管现代人工智能技术在处理大量数据方面取得了显著进展，但仍然无法完全避免错误。智能系统可能会受到数据质量、算法限制或模型偏差等因素的影响，导致标注结果出现错误，通过人工标注调整，可以及时发现并纠正这些错误，提高数据的可靠性和准确性。其次，在某些情况下，智能系统可能无法识别出所有重要的信息或细节，导致部分重要数据被遗漏。通过人工标注调整，可以补充这些遗漏的信息，使得整个数据集更加完整和准确。此外，智能系统可以根据预设的规则和算法对数据进行初步标注，但其结果可能并不总是符合实际情况或业务需求，通过人工标注调整，可以根据专业知识、经验和判断力对标注结果进行修正和优化，使其更贴合实际场景和目标，不仅可以提高数据分析的准确性，还能为决策提供更可靠的依据。

4.3.3.1　标注调整原则

人工调整标注具有一定的主观性，为了确保结果的一致性和准确性，需要制定严格的规则和标准来进行规范。这些规则和标准应该详细描述如何进行标注，包括标注的具体步骤、标注的标准以及如何处理可能出现的争议等以保证结果的质量和一致性。在进行人工调整标注之前，标注人员需要认真学习标注说明。标注说明是指导他们完成标注工作的重要依据，只有充分理解并掌握这些说明，才能准确地进行标注。此外，学习标注说明也有助于他们了解标注的目的和方法，从而提高他们的工作效率和质量。

本研究采用了情感主体原则、连贯性原则和表达方式原则等设计调整标注原则。情感主体原则指标注的情感是主体（教师、学生）的情感，即各不同学生主体的情感，而不是教师的情感。连贯性原则要求在标注调整中保持情感表达的连贯性，即相同主体的连续情感表达应该一致且符合上下文的逻辑关系。表达方式原则指本研究中主体情感主要是通过面部表情、话语声音、肢体动作、文本信息等表达。

4.3.3.2　标注调整流程及质量监控

在语义库的标注调整过程中，采用了两人一组的校正标注和三人合作互助的方法来处理标注中的歧义。在开始阶段，系统智能进行标注后，两个标注人员分别独立进行标注调整。如果两个标注人员的结果不一致，第三个标注人员将对其进行裁定。对于仍然存在争议的语义，由三人小组进行集体讨论，并共同决定最终的情感标注结果。对于少量存在较大争议的行为语义，被标注为"待定"。通过以上的标注调整方法和流程，可以提高标注的准确性和一致性，从而改善和优化多模态情感语义库的质量，如图4-8所示。

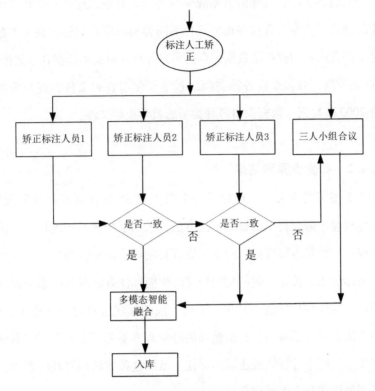

图 4-8　标注人工矫正过程

4.4　对比实验

4.4.1　实验环境

所有模型均基于 Python 语言及 TensorFlow 2.6 深度学习框架设计实现，并在 Windows10 操作系统下的 NVIDIA RTX4060GPU 上进行训练。

为了评估语义库构建方法的有效性，本研究进行了初步的实验工作，创建了一个实验语义库，该库的数据规模约为 2.3 万条，这是一个相当庞大的数据集，涵盖了文本、音频和视频三种不同类型的模态数据。在文本数据方面，这个语义库有 16000 条数据，数据来自各种学习文本；在音频数据方面，有 5000 条数据，数据来自各种类型的教学和学习音频文件；在视频数据方面，有 2000 条数据，数据来自各种类型的教学视频文件。

4.4.2　实验步骤和结果

基于上述实验语义库，选择了一个典型的 45 分钟课程作为研究对象，为了充分检验本研究提出的智能标注方法，采用了两种不同的标注方法进行对比实验：一种是本研究提出的基于语言智能技术的标注方法，另一种是常用的一般标注法。首先，我们使用构建的智能标注方法对多模态数据进行分析，流程如前述章节所述。其次，采用一般的标注法对同一课程进行标注，该标注方法需要人工参与，根据教师的经验和专业知识，对视频、音频、文本等多模态数据进行逐帧或逐段的标注。虽然这种方法相对耗时费力，但可以提供更加详细和全面的信息。

为了对两种标注方法的结果进行对比，我们使用了查全率、查准率、F1 值和标注效率等量化评估指标。查全率是指系统正确识别出的正例与所有实际正例的比例，查准率是指系统正确识别出的比例与所有实际正例的比例，F1 值是查全率和查准率的调和平均值，标注效率是指在规定的时间内完成标注任务的能力。这些指标可以帮助我们客观地评估两种方法的准确性、完整性和效率。

从表 4-1 的结果看，本研究方法标注的学习行为语义库更具优势，能有效提取学习行为情感和语义。此外，本研究通过分析标注过程和标注文本发现以下几点：（1）基于语言智能技术智能识别标注和人工核查标注相结合的标注方式形成的规范化标注框架，可以更全面、系统地揭示学习行为的情感类型、场景和情感内容等信息；而一般标注法依靠的人工标注因标签、内容繁杂，影响标注效果。（2）基于语言智能技术智能识别标注和人工核查标注相结合的标注方式标注质量较高；而一般标注法的标注结果受标注人员的意志影响较大，其标签含义多重叠或模糊。（3）本研究标注方法只使用3人，一般标注方法按照每个模态数据一组，每组3人（两人同时标注，1人校验），三个模态共需要9人，本研究标注方法标注效率是一般标注方法3倍左右。

表4-1 比较评估数据

相关指标		对照组	本研究标注方法	一般标注方法
排序人员数		3人	3人	9人
相关数据信息量		45分钟课程多模态数据	45分钟课程多模态数据	45分钟课程多模态数据
语言智能模型参数	查全率	无	0.867	0.715
	查准率	无	0.722	0.492
	F1值	无	0.892	0.737
标注效率（量化）		无	0.925	0.317

4.5 小结

在本章中，首先，我们深入探讨了当前多模态语义库建设所面临的一系列挑战和问题，包括但不限于数据获取的困难、模型训练的复杂性、多模态数据的整合难题等，通过对这些问题进行深入的研究，以便更好地理解它们对多模态语义库建设的影响。在此基础上，基于语言智能技术，设计了一套全新的情感语义标注体系，该体系不仅考虑了情感的多样性，还充分考虑了情感在不同语境下的变化。通过这个标注体系，能够更准确地捕捉到文本中的情感信息，从而为多模态情感语义库的建设提供更为精准的数据支持。其次，本研究提出了一种基于学习行为多模态情感语义库智能建设 MCMESD 方法，从数据采集、数据预处理、数据自动标注、人工审核与校验、模型优化到结果评估，每一步都经过了精心设计和反复优化，以确保 MCMESD 方法的高效性和准确性。最后，我们将 MCMESD 方法与传统语义库建设方法进行了对比实验分析，以验证智能标注的效果。通过对不同方法进行比较，我们发现本研究的智能标注体系在提高情感识别准确率、降低错误率等方面表现出色，证明了其在多模态情感语义库建设中的重要作用。

学习行为多模态情感语义库在情感智能分析和教学效果满意度评价方面的应用潜力巨大。一方面，语义库可以用于构建行为语义情感分类建模。包含海量数据的行为语义库为构建行为语义情感分类模型提供了有用的数据资源，可以用于特征提取、模型训练和评估等关键步骤，能够提高模型的性能和准确度，并帮助理解和分析行为背后的情感表达。（1）通过分析语义库中的情感表达特征，可以智能识别出与情感相关的关键词、短语或声音模式，从而构建情感特征智能提取模型。（2）好的语义库可以用作情感训练模型的数据集，通过将语义库中的数据用作训练样本，构建并训练行为语义情感分类智能模型。此外，语义库还可以用于评估已经构建的行为语义情感分类模型的性能，通过使用语义库中的标注数据，对模型进行测试和评估，确定其在分类任务上的准确度、召回率和其他性能指标。

另一方面，将语义库应用于教学效果满意度智能评价，可以提供更精确、更个性化的评价和反馈，帮助学生和教师进行有效的学习和教学，促进教育的改进和创新，提高教育质量和学习成效；通过揭示教学中的潜在问题和瓶颈，可以及时帮助教育机构和教师改进教学方法和策略，指导教师优化课程设计和教学计划。通过语义库，我们可以根据学生的个性化需求和学习目标开展更具个性化的评价，提供学生知识水平、技能掌握程度和学习风格等方面的详细分析，为个性化学习和教学提供支持。此外，语义库可以与自动化评价系统结合使用，实现对学生的自动化评价，实时监控学生的学习进展和成果，提高工作效率，减轻教师负担。

由此，本研究将在本章学习行为多模态情感语义库建设的基础上，从线下和在线两个维度展开学生学习行为分析和教学效果评价的研究工作，利用语言智能技术，通过多角度、多层次的数据采集和分析，努力揭示学生的学习行为规律，为教育实践提供科学的参考和支持。

第 5 章

基于深度学习的线下学习行为语义分析

学生线下课堂学习行为可以通过音视频捕捉，相关行为语义可以通过音视频中的学生学习表情、语音声调和语言文字等来识别和分析。特别是，课堂中的人脸表情、肢体动作、语音情感是一种最能体现学习态度情感的行为语义。因此，本章提出一种基于深度学习的线下学习行为语义分析方法（Learning Behavior Recognition on Offline Videos，LBROV），目的是分析出学生的线下学习行为蕴含的学习行为语义。

本章的内容和结构安排如下。在 5.1 节，主要针对当前课堂学习行为分析和教学效果评价存在的问题展开论述，重点阐释将解决何种问题。在 5.2 节，提出基于深度学习的学生线下学习行为语义分析流程，即对 LBROV 方法流程框架进行解释。在 5.3 至 5.6 节，为解决学生人脸快速检测和身份识别、学生学习状态和行为识别、语音识别等，本章提出在 LBROV 方法中将 SSH 算法与 FaceNet 算法密切结合，采用卷积神经网络识别方法，以及三维卷积神经网络等方法，实现线下学生学习行为语义的识别。在 5.7 和 5.8 节进行对比实验和实证分析，开展教学效果评价，并验证 LBROV 方法的整体效果。在 5.9 节，对本章的内容进行全面总结。

5.1 问题描述

利用深度学习技术开展基于音视频的学习行为语义分析是一个复杂的研究命题，属于计算机视觉与情感计算等多个学科的交叉研究，是一项具有挑战性的前沿研究课题，国内外学者已开展了大量工作，并取得了一些成绩。该研究的核心问题是如何从音视频中提取出学生的动作语义，然后通过机器学习和深度学习等技术，提取出具有不同视觉信息的学生动作语义。目前，大部分的研究都是利用数字图像处理技术来提取与特定行为相关的基本特征或高层特征，并通过对这些特征进行分析与学习，最终完成行为语义理解。学生行为语义的识别主要包括声音、手势、表情、身份、姿态、动作等各类行为的识别。与工业领域的机器视觉相比，学生行为语义识别属于计算机音视频处理的前沿研究，是一种融合了声音处理、图像处理、特征提取与特征融合、机器学习、深度学习等多个学科的核心技术，在图像智能分析、智能音视频分析等领域有着重要的应用前景。

近年来，随着人工智能、深度学习等技术的不断发展，包括声音识别、动作语义理解、人脸识别、物体追踪等在内的多项技术已逐步被引入音视频分析中。采用人工智能与深度学习相结合的音视频分析技术，可以对音视频进行预处理、特征提取、物体定位、图片分类、目标跟踪等，不仅能有效提升其监测性能，还能节约大量的人力物力。现阶段，多数场景研究的学生学习行为动作基本相同、展现的语义信息基本一致，可以省去对学生群体行为的定位与提取，只需对片段进行时间序列的卷积神经网络处理，就可以得到群体行为的语义信息。但这不符合实际的视频监控场景，因为真实的监控视频中经常出现学生人数不确定、各具特色的动作，呈现的语义互不相同，采用以上方法进行分析不能准确解析每个学生所表现的动作语义。

而在课堂教学中，除上述描述的问题，学生行为语义分析也面临更加复杂的情况。一般而言，传统课堂教学评价方法多采取专家听课、填报评估表格的方式，需经过对多次听课的汇总来评测教学效果与质量。该评测方式对课堂教学有督促作用，但专家听课具有随机性，这就不可避免地会导致评估结果存在主观局限性、偶然性，且耗时耗力。而利用人工智能与教育学习深度融合的智能教育开展学生学习行为分析，是依托计算机声音、视觉、深度学习等技术和算法智能识别并统计视频中学生的互动课堂学习行为，再根据学习行为统计和分布情况进行课堂教学效果评价，能够很好地解决课堂教学效果的评价问题，同时也能有效地推动传统课堂学习向信息化、智能化方向发展。目前，国内外研究者围绕课堂学习行为语义分析开展了不同程度的研究。如廖鹏等①建立了一套用于对学生上课行为进行监测与统计的辅助教学管理系统，基于VGG预训练模型对学生学习过程中出现的异常行为进行抽取，并采用背景差法对视频中的多个学生对象区域进行检测，用于对学生使用手机、睡觉等行为进行监控与管理。蒋沁沂等②提出了一种基于深度残差网络的课堂学习行为识别方法，对学生上课、记笔记、看书、玩手机、东张西望、睡觉等6种常见行为实现了识别，准确率高达91.91%。魏艳涛等③采用VGG16网络模型对书写、看书、听课、举手、站立、睡觉和左顾右盼等7

---

① 廖鹏，刘宸铭，苏航，等. 基于深度学习的学生课堂异常行为检测与分析系统 [J]. 电子世界，2018 (8)：97-98.

② 蒋沁沂，张译文，谭思琪，等. 基于残差网络的学生课堂行为识别 [J]. 现代计算机，2019 (20)：23-27.

③ 魏艳涛，秦道影，胡佳敏，等. 基于深度学习的学生课堂行为识别 [J]. 现代教育技术，2019，29 (7)：87-91.

种课堂行为进行识别，识别正确率高达93.33%。何秀玲等①提出了一种以人体骨骼模型为基础、与深度学习相结合的方法，对听课、书写、举手、阅读、站立、东张西望以及睡觉7种典型的课堂行为实现了识别，准确率高达97.92%。徐家臻等②利用Boosting算法和卷积神经网络对从课堂上抽取的学生骨骼特征点进行分类，实现了5种常用的课堂学习行为（听讲、读书、站立、举手、写字）的识别。闫兴亚等③提出BetaPose姿态识别方法，能够有效识别课堂的多种行为，在简单场景中识别率高达91%。现有的课堂学习行为分析方法虽然可以很好地识别出一些典型的学习行为，但因受视频信息限制，仍面临着行为识别率低、课堂教学效果评估不充分等问题。

本章主要侧重于教学大场景多头部姿态下人脸表情、行为动作和语音情感的识别。多头部姿态下的自然表情识别和动作识别问题一直是难点，它受到姿态遮挡、几何形变、背景光照变化和低分辨率等因素的影响。④ 深度学习可以自动习得模式特征的方法，并将特征学习融入建立模型的过程中，从而减少了人为设计特征造成的不完备性。目前，以深度学习为核心的一些应用，在满足特定条件的应用场景下，已经达到了超越现有算法的识别或分类性能。为改善学习评价中存在的问题，本研究提出了基于人脸表情、行为动作和语音情感的识别融合的LBROV方法，并通过国际汉语互动课堂教学，对学生的学习行为进行实证分析，建立教学效果满意度评价模型，以实现对教学效果满意度的评价，最终改善课堂教学效果。

---

① 何秀玲，杨凡，陈增照，等. 基于人体骨架和深度学习的学生课堂行为识别 [J]. 现代教育技术，2020，30（11）：105-112.

② 徐家臻，邓伟，魏艳涛. 基于人体骨架信息提取的学生课堂行为自动识别 [J]. 现代教育技术，2020，30（5）：108-113.

③ 闫兴亚，匡娅茜，白光睿，等. 基于深度学习的学生课堂行为识别方法 [J]. 计算机工程，2023，49（7）：251-258.

④ 罗珍珍. 课堂教学环境下学生学习兴趣智能化分析 [D]. 武汉：华中师范大学，2018.

5.2　基于深度学习的学生线下学习行为语义
分析 LBROV 方法

为了对学生的学习行为语义进行快速检测和识别，LBROV 方法需要识别学生表情行为、姿态动作行为和语音情感行为三类学习行为，其中表情行为分为人脸检测与定位、人脸识别和表情识别三个阶段，人脸检测与人脸识别仍采用第 3 章中的技术方案：人脸检测采用 SSH 算法，实现对学生人脸的检测和定位；人脸识别采用 FaceNet 算法，实现对学生身份的识别——将 SSH 算法与 FaceNet 算法密切结合，对学生人脸检测和身份识别具有很好的效果，人脸表情识别采用卷积神经网络 CNN 识别方法；身体姿态动作采用 3D ConvNet 进行语义识别；语音情感采用 LSTM 与 CNN 相融合的方法识别，其主要工具为 openSMILE 和 Librosa 语音处理工具。之后，LBROV 根据人脸表情、身体姿态和语音情感进行特征融合，开展学生学习状态与学习行为的识别，人脸表情、身体姿态和语音情感学习行为三者配合能够很好地开展学生学习行为语义的识别。具体工作思路如图 5-1 所示。具体而言，LBROV 运作流程大体分为三步：

第一步，综合运用基于深度学习的主流算法开展学习行为的人脸表情、身体姿态和语音情感的识别与融合开展学习状态与学习行为的识别。人脸表情识别过程：通过 SSH 算法、FaceNet 算法和 CNN 算法对学生学习行为视频序列进行表情识别，首先通过 SSH 算法检测出视频序列中的人脸并返回其位置信息，为进一步进行人脸识别做准备；其次，采用 FaceNet 算法实现较快速度的人脸身份识别；最后，采用 CNN 算法识别学习行为表情识别。身体姿态识别主要采用 CNN 算法和 3D ConvNet 对人体骨架开展动作识别。语音情感的识别则是通过 LSTM 与 CNN 相融合的方法对视频序列中的学生语音情感识别。人脸表情、身体姿态和语音情感则通过特征的加权平均开展学生学习行为语义的识别分析。

第二步，以第 4 章方法建设的多模态学习行为语义库为基础，结合人脸表情、身体姿态和语音情感三类学习行为特征融合，综合三种分析结果和多模态学习行为语义库特征匹配，形成语义分析结果，同时将结果反馈给学习行为语义库建设算法并更新语义库语料数据。

第三步，对学生学习行为开展教学效果满意度评价。

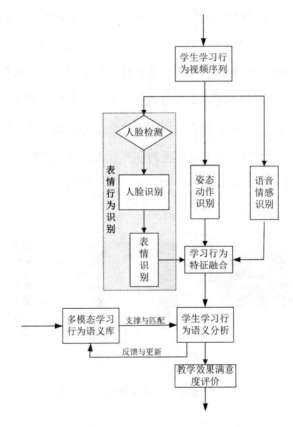

图 5-1 LBROV 主要思路

5.3 基于 LBROV 的学习行为表情语义识别

5.3.1 学习行为表情语义识别概述

在视觉模态下，人的面部表情特征以及人体的姿势特征的识别对于情感分析具有非常重要的作用，但是由于不同年龄与性格的人在会话过程中面部表情也存在着差异，很难用一种统一的方式来度量。人脸表情识别（Facial Expression Recognition，FER）技术是将生理学、心理学、图像处理、机器视觉与模式识别等研究领域进行交叉与融合，是近年来模式识别与人工智能领域研究的一个热点问题。人脸表情识别在社会情感分析、计算机视觉、医疗诊断与刑事案件侦破等方面有着广泛的应用。人脸表情识别是人脸识别的进一步发展，主要包括人脸检测与定位、面部特征提取与识别、表情识别与表情分类四个基本步骤①，如图 5-2 所示。

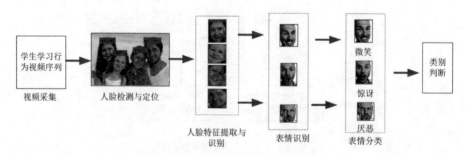

图 5-2 学习行为表情识别基本步骤

---

① 叶继华，祝锦泰，江爱文，等. 人脸表情识别综述［J］. 数据采集与处理，2020，35（1）：21-34.

一幅人脸照片蕴含着丰富的信息，即便是一个视频序列中同一人在不同时序的面部表情也各不相同，所以在进行面部表情识别的时候，必须对图像的纹理特征、五官特征等有效信息进行提取。① 面部表情特征的提取是面部表情识别的关键环节，其提取的鲁棒性和完备性将直接关系到面部表情识别的效果。然而，实际场景中，光照、姿态的变化，均会影响 LBP、BoW、HoG、SIFT 等传统识别方法的识别效果。随着深度学习技术在图像识别中的广泛应用，为表情识别开辟了一条新的途径。深度学习突破了传统的基于图像识别的必须先进行提取再进行模式识别的模式，实现特征提取和表情分类的同步进行，且基于深度学习的特征提取甚至能提取出意想不到的关键特征点，效果很好。在此基础上，Mollahosseini 等② 将 AlexNet 和 GoogleNet 模型相结合，构造了一种 7 层 CNN 用于人脸表情识别，实验验证后表明效果较好。Lopes 等③ 将局部特征提取和卷积神经网络相结合，通过预处理来提取特定的表情特征，实现了较好的表情识别效果，但在未知场景中存在准确率低和鲁棒性差的问题。Verma 等④ 提出一种包含视觉与人脸识别两个分支的神经网络，其中人脸识别是利用人脸标记的运动轨迹，即人脸的大幅度运动所引起的眼睛、鼻子和嘴唇等面部特征的改变，达到了很好的识别效果。

---

① 叶继华，祝锦泰，江爱文，等. 人脸表情识别综述 [J]. 数据采集与处理，2020，35（1）：21-34.

② MOLLAHOSSEINI A, CHAN D, MAHOOR M H. Going deeper in facial expression recognition using deep neural networks [C] // 2016 IEEE winter conference on applications of computer vision (WACV). Lake Placid：IEEE, 2016：1-10.

③ LOPES A T, AGUIAR E D, SOUZA A F D, et al. Facial expression recognition with convolutional neural networks：coping with few data and the training sample order [J]. Pattern Recognition, 2017, 61：610-628.

④ VERMA M, KOBORI H, NAKASHIMA Y, et al. Facial expression recognition with skip-connection to leverage low-level features [C] // 2019 IEEE international conference on image processing (ICIP). Taipei：IEEE, 2019：51-55.

5.3.2 学习行为表情语义识别中的人脸检测与识别技术

开放课堂中，学生线下学习行为语义识别是检测学生上课状态的有力证据。学生的课堂行为多种多样，无论是表情、肢体动作、互动发言等均包含了大量的行为语义，将这些行为捕捉识别并分析其包含的语义，可以更好地理解学生的课堂状态，掌握学生的学习效果，有很大的研究价值。要识别学生的线下学习行为，首要在于定位学生的位置，因此人脸检测和识别技术就显得格外重要。

人脸检测和识别是指对图像或影像中的人物脸部进行定位后进行身份辨识的一项技术。与其他生物识别方法相比，人脸识别有一个显著的优势，那就是人脸识别对被识别主体没有过多要求。例如，指纹识别要求使用者把手指放在感应器上，虹膜辨识要求使用者离摄影机非常接近，而声音辨识则要求使用者高声讲话。相对来说，现代的人脸识别系统只要求使用者在摄像机的视场之内（前提是和摄像机之间的距离也是合理的）。因此，人脸识别方法更受欢迎，应用场景更加广泛，早已在日常生活中获得普遍应用，如随处可见的监控系统。人脸检测和识别的研究始于1960年代后期，其基本思想是通过设计特征提取方法抽取人脸特征，然后采用机器学习方法对其进行分类。2012年深度学习被引入人脸识别中以来，特征提取逐渐以神经网络方法开展。人脸检测和识别的通常流程如图5-3所示：

图5-3 人脸检测和识别流程

人脸识别技术这些年已经发生了重大的变化。传统的人脸检测方法主要有基于几何特征、肤色模型或结构部件的方法和基于统计理论的方法，这些方法性能较差、不能应用于复杂背景。近年来，以CNN为基础的深度学习算法取代了传统的人脸识别技术。CNN 的基本结构等介绍在第 2 章中已经阐述。深度学习最大的优点就是能够从海量数据中学习出最好的特征，互联网上海量的自然人脸图像为研究人员提供了海量的、能够反映现实生活场景的人脸数据库，以此作为训练集推动 CNN 的人脸识别精度不断提高，已经能够适应现实生活中的各种场景。

CNN 可以通过多种方式进行训练以进行人脸识别。其中一个典型方法是把这个问题看作一个分类问题，把训练集上的每一个主体作为一个类来处理。在训练完成后，利用前一层的特征作为人脸表示，对未出现在训练集上的目标进行识别。在深度学习领域，这类特征被称为"瓶颈特征"（Bottleneck Features），完成一个训练阶段后还将利用其他方法对网络中的瓶颈特性进行优化。另一种常见的方式是通过对成对的人脸或面孔三元组间的距离进行优化，从而实现对瓶颈特征的直接学习。视频中经常出现表情姿态动态变化、视频图像模糊的情况，会导致人脸识别精度较低，在实际中的人脸数据集是高度不平衡的，不同类的样本数量差异巨大，基于此许多研究者提出了基于 CNN 改进的模型。Liu 等①提出了 Margin Softmax 损失来自适应调整不同类的 Margin。Liu 等②提出了 Fair Loss，每个类通过深度学习来学习一个自适应的 Margin。Li 等③提出一种加权 E-Margin 损失用于获取具有高区分

① LIU H, ZHU X Y, LEI Z, et al. Adaptiveface：Adaptive margin and sampling for face recognition [C]//2019 IEEE/CVF conference on computer vision and pattern recognition (CVPR). Long Beach：IEEE, 2019：11939-11948.
② LIU B Y, DENG W H, ZHONG Y Y, et al. Fair loss：Margin-aware reinforcement learning for deep face recognition [C]// IEEE/CVF international conference on computer vision (ICCV). Seoul：IEEE, 2019：10052-10061.
③ LI Q, HE X Z, WANG W G, et al. AeMFace：Additive E-margin loss for deep face recognition [C]// 2019 IEEE international conference on signal, information and data processing (ICSIDP). Chongqing：IEEE, 2019：1-6.

度的人脸识别特征。Zhao① 提出一种基于级联的端对端网络 RDCFace 算法，该算法无须实时监测面部特征点及失真参数，能够有效提高识别率。在复杂的背景下，由于目标和人脸之间的相互遮挡，人脸的识别变得更加困难。针对该问题，He Fang-zhou 等② 提出了一种基于低秩稀疏性和神经网络学习的人脸识别方法，减少对遮挡噪声的敏感度，从而提升复杂场景下人脸识别的实时性和可信度。

基于深度卷积神经网络 CNN 的人脸检测算法（Single Shot Scale-invariant Face Detector，S3FD）的单阶段检测（One-stage）方法将候选框提取、图像分类、边框坐标回归三个任务放在一个卷积神经网络中进行，极大地提高了检测的速度，并达到了 99.65%的检测精度，典型的相似方法还有单点无头人脸检测算法（Single Stage Headless Face Detector，SSH）和人脸网络识别 FaceNet 模型，因此文本选取 SSH 算法和 FaceNet 模型开展学习行为表情识别中的人脸检测与识别。

5.3.3 LBROV 中人脸检测算法的选取与应用

LBROV 人脸检测中采用的 SSH 算法，能较好地实时检测学生人脸并具有较高的精度。SSH 算法是 ICCV 2017 提出的一个人脸检测算法，它有效提高了人脸检测的效果，主要的改进点包括多尺度检测，引入更多的上下文信息，损失函数的分组传递等，相对简单，获得的效果也很好。SSH 的网络结构如图 5-4 所示，是将 VGG16 网络中的全连接层全部去掉，只使用了卷积层，并在不同层次的卷积层输出特征图后面加了由分类器和回归器组成的检

---

① ZHAO H, YING X H, SHI Y J, et al. RDCFace：Radial distortion correction for face recognition［C］//2020 IEEE/CVF conference on computer vision and pattern recognition（CVPR）. Seattle：IEEE, 2020：7718-7727.

② 何芳州, 李鑫. 基于低秩稀疏与网络学习的遮挡人脸识别研究［J］. 计算机仿真, 2020, 37（10）：14-17, 96.

测模块 M1、M2、M3，通过对不同尺度的特征图进行分析，从而实现多尺度的人脸检测。具体来说，对于 VGG16 网络中 conv4_3 的输出使用 M1 进行检测，stride 为 8，检测小尺度人脸目标；对于 VGG16 网络中 conv5_3 的输出使用 M2 进行检测，stride 为 16，检测中尺度人脸目标；而对于 VGG16 网络中 conv5_3 池化后的输出使用 M3 进行检测，stride 为 32，检测大尺度人脸目标。

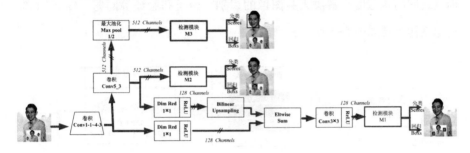

图 5-4　SSH 算法

自然景物中人脸往往展现出不同的大小，模型检测的尺度不变性就显得非常重要。尺度不变性是指模型对大小不一的人脸都能进行有效检测，具有很高的鲁棒性。但现实中的许多模型在处理大型人脸时表现出了很好的效果，但对小型人脸就无能为力。而如前文所言，SSH 通过在三个不同深度的卷积层上拼接三个设计好的检测模块，实现了小尺度、中尺度和大尺度图像的较好检测效果。

5.3.4　LBROV 中人脸识别算法的选取与应用

Google 在 2015 年提出了 FaceNet 模型，此模型利用超过 2 亿的海量数据以及强大的分布式集群计算资源进行训练，并在训练时采用了 Inception 局部多分支型网络结构同时融合了多尺度的特征，并采用 1×1 的卷积核减少训练参数数量，损失函数变化为三元组损失函数 Triple-loss，将网络特征映射到欧式空间中，尽可能减少姿态变化带来的类内差距，最终取得了 99.65% 的精度。FaceNet 模型是一种改进的 CNN 模型，其核心是通过 CNN 学习将人脸图像映射到 128 维欧几里得空间，得到 128 维的特征向量，联想到二维空间的相关系数的定义，使用特征向量之间的距离的倒数来表征人脸图像之间的"相关系数"，对于相同人体的不同人脸图片，其特征向量之间的距离较小，对于不同人体的人脸图像，其特征向量之间的距离较大。最后基于人脸特征向量之间的相似度来解决人脸图像的识别、聚类和验证等问题。FaceNet 的简单结构示意如图 5-5 所示：

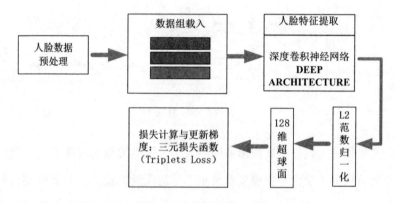

图 5-5　FaceNet 结构示意

FaceNet 模型的工作流程如下：

（1）数据预处理：常规人脸识别数据集中的图像往往包含整个人体头部及部分环境背景，并且人脸时常有倾斜（歪头、侧脸），在将此类图像输入至模型以前，需要对图像"真人脸"部分进行切图，去除无关的背景信息，并对切出的人脸图像进行对齐，而后才可用于训练。

（2）人脸数据组加载：FaceNet 模型加载数据使用数据组进行数据加载。数据组以三张图片构成一个三元组，其中有两张图片匹配（即同一个人的两张图片），另一张图片不匹配，并以组为单位载入数据集。

（3）人脸特征提取：选择合适的深度卷积神经网络，对输出层进行修改后，即可进行人脸特征提取。

（4）对人脸特征信息进行 L2 范数归一化：深度卷积神经网络输出的结果是 128 维超空间中的特征向量，需使用 L2 正则化将 128 维超空间中的点规范化到 128 维超球面上。

（5）损失计算与更新梯度：使用特定的"三元损失函数"可以使模型快速朝目标方向优化。

在 FaceNet 中，并未直接使用预训练的 CNN 模型直接提取人脸特征，同时为了能够将人脸的图像映射到同一个欧式空间中且可度量，在 FaceNet 采用端对端对人脸图像直接进行学习，学习从图像到欧式空间的编码方法，然后基于这个编码再做人脸识别、人脸聚类和人脸验证等。FaceNet 的网络结构与传统的深度学习模型非常相似，不同的是在 FaceNet 中去掉了分类模型中的 Softmax，取而代之的是 L2 归一化，通过 L2 归一化得到人脸的特征表示，直接将人脸的图像映射到欧式空间中。简而言之，FaceNet 通过卷积神经网络学习将图像映射到欧几里得空间，空间距离直接和图片相似度相关：同一个人的不同图像在空间距离很小，不同人的图像在空间中有较大的距离。因此，只要该映射确定下来，相关的人脸识别任务就变得很简单了。

5.3.5 LBROV 中的学习行为表情语义识别

情感是人的一种主观感觉，是大脑对某种客观事物的主观反应，而情感计算是从情感中衍生出来的或者可以对情感产生影响的运算。比如，在日常生活中，人会在任何时间、任何地点受到喜怒哀乐等情感波动的影响，而这些情感的改变正是人的行为灵活性、自主决策能力和思维创造力的根源。同时，对某些客观的人或事，也要做出主观的、带有偏见的评价，这样才能体现其对对象施加的情感影响。如第 4 章所言，保罗·艾克曼将情感划分为 6 种基本类型，即快乐、厌恶、愤怒、惊讶、恐惧、悲伤，每一种情绪都有一个阈值，当情感的强度超出这个值，情感就可以影响到某些外部行为。以此为基础，人们从不同的角度提出了许多不同的情感模型来实现情感的度量与计算。其中，表情可以很好地表达人类的情感活动，因此可以通过学生的表情识别来分析其学习行为情感语义，LBROV 采用 CNN 开展表情识别。

LBROV 将学生表情分为 8 种，分别是愤怒、厌恶、恐惧、大笑、微笑、悲伤、惊讶、自然。其中，愤怒、厌恶、恐惧、悲伤表现为消极的学习行为语义，而大笑表现为积极和专注的学习行为语义，微笑、惊讶表现为比较积极的行为语义，自然为中性的学习行为语义。考虑到表情识别的速度和准确度，LBROV 采用基于 CNN 的表情识别方法，其人脸表情识别体系结构如图 5-6 所示。

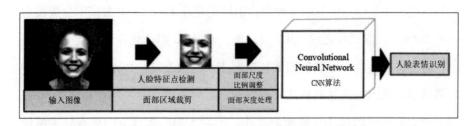

图 5-6　表情识别方法的人脸表情识别体系结构

5.4　基于 LBROV 的学习行为姿态动作语义识别

学生学习姿态动作是线下学习行为语义的重要组成部分，通过姿态动作识别和评价学生的学习行为，可以有效评估学生学习状态，对学习行为语义分析具有重要的作用。

5.4.1 LBROV 中的学习行为姿态动作语义识别方法概述

学习行为姿态动作识别属于人体行为识别范畴，关于人体行为识别研究可以追溯到 20 世纪 70 年代，Johansson G 教授[①]提出了 12 点人体模型结构描述方法，对后续算法产生了深远影响。目前，人体行为识别可以分为两大类别，基于传统手工设计特征的分类算法和基于深度学习自动提取特征的分类算法。前者需要人工设计特征，然后通过分类器进行分类；后者是网络自主学习特征提取，通过分层建立目标语义表征，挖掘数据之间的关联，使用全连接分类器进行分类。

5.4.1.1 基于传统手工设计特征的人体行为语义识别

传统手工特征设计主要包括轮廓剪影、时空兴趣点、人体关节点、运动轨迹等手工特征，是当前国内外学者对人体行为识别的分类算法开展深入研究与尝试的主要特征。基于传统的轮廓剪影法主要是利用背景去除技术，提取出人体各种动作来得到人体的整体行为的表示，比如人体侧影动作等，该方法的优点是能在简单背景中有效地检测出感兴趣的区域，缺点是在复杂场景下受噪声、拍摄角度以及人体遮挡等因素的影响，因精确的轮廓信息难以获取行为特征，识别率将大幅下降。基于时空兴趣点方法是通过检测视频中的时空兴趣点提取兴趣点周围的行为特征，优点是无须对移动对象进行分割，在复杂的背景环境下具有良好的行为识别能力，缺点是在有遮挡或光照变化大环境下，不能很好地开展行为识别。基于人体关节点的方法是识别当前的人体姿势，再推断出各躯干关节的位置，以识别人体行为特征，该方法的优缺点类似于轮廓剪影法，如 Fujiyoshi 等[②]提出一种提取人体躯干关键点

① JOHANSSON G. Visual motion perception [J]. Scientific American，1975，232（6）：76-89.

② FUJIYOSHI H，LIPTON A J. Real-time human motion analysis by image skeletonization [C] // Proceedings fourth IEEE workshop on applications of computer vision. Princeton：IEEE，1998：15-21.

的方法，通过对头、肢体 5 个关节的提取，实现了对人体行为的识别。基于运动轨迹的提取方法是通过动态追踪人体的运动轨迹来分析人体行为特征的方法，如 Wang 等①提出了一种改进的稠密轨迹 IDT 人体行为特征轨迹分析方法，综合了 HOF、HOG、MBH 等行为特征，对人体轨迹全局施加平滑约束，具有很好的鲁棒性。在深度学习广泛应用于人体行为识别之前，IDT 是基于手工特征的人体行为识别方法中效果最好、应对场景最丰富的方法，其缺点是训练阶段和应用阶段计算复杂度高，处理速度较慢。

5.4.1.2 基于深度学习的人体行为语义识别

基于深度学习的人体行为识别方法大致可分为 3 类，分别是三维卷积网络（3D ConvNet）、双流网络和混合网络。三维卷积网络是二维卷积神经网络的拓展②，主要利用三维卷积来获取时域信息。Ji 等③首先提出了三维卷积网络算法，并将其用于行为识别；因为在二维卷积网络中引入时间域，三维卷积网络弥补了二维卷积网络不能捕捉时域信息的不足，即三维卷积核是通过一个包含多个相邻帧间的时间—空间立方体进行特征抽取。本研究也使用了 3D ConvNet 方法。双流网络模型的基本思想：通过对视频中两帧间的稠密光流进行运算，生成稠密光流序列；将稠密光流作为两个独立的网络，由两个网络各自对不同的行为做出各自的判断，并将其进行融合，从而获得最

① WANG H, SCHMID C. Action recognition with improved trajectories [C] // Proceedings of the IEEE international conference on computer vision (ICCV). Sydney: IEEE, 2013: 3551-3558.

② 袁家政，刘宏哲，徐成，等. 基于深度学习的人体行为识别研究综述 [C]. 中国计算机用户协会网络应用分会 2020 年第二十四届网络新技术与应用年会论文集. 中国计算机用户协会，Beijing, China, 2020: 7.

③ JI S W, XU W, YANG M, et al. 3D convolutional neural networks for human action recognition [J]. IEEE Transactions on Pattern Analysis & Machine Intelligence, 2013, 35 (1): 221-231.

终的输出结果。① 该方法具有计算精度高、计算时间长等特点。以 CNN-
LSTM 为代表的混合网络，在提取空间运动规律、时序顺序和长期相关性上
表现出了良好的性能；可以将 CNN-LSTM 结构看作一系列的电路结构，该结
构曾被广泛使用，具有较高的辨识准确度。

5.4.2　LBROV 中的学习行为姿态动作语义的识别方法

LBROV 将学生的学习行为分为积极学习行为、比较积极学习行为、中性
学习行为和消极学习行为四类，通过姿态共囊括 11 种学习行为：积极行为
为书写、举手、起立，比较积极行为为关注前方、与教师交流，中性行为为
低头、抬头、端坐，消极行为为趴桌、左顾右盼、玩手机。为了保证学生学
习行为识别的准确性和实时性，本研究在现有人体行为识别算法的基础上对
人体行为识别方法进行了改进和应用，即针对学生学习行为的视频信息，充
分利用时序信息和时空特性，采用 3D 卷积的方法（3D ConvNet）进行行为
识别。

3D ConvNet 是通过在 CNNs 的卷积层进行 3D 卷积，可提取空间和时间维
度都具有区分性的特征。3D 卷积是以增加时间维度来堆叠多个连续的帧组
成一个三维立方体，在立方体上进行 3D 卷积核。由于三维立方体中，卷积
层中每一个特征图都会与上一层中多个邻近的连续帧关联，以此可以提取视
频流中人体行为的运动信息。3D ConvNet 方法结构的优点是运算速度快，用
Nvidia 1080 显卡可以达到 600fps 以上，因而 3D ConvNet 方法的处理效率远远
高于其他方法，应用前景广泛②。

---

① JI S W, XU W, YANG M, et al. 3D convolutional neural networks for human action
recognition [J]. IEEE Transactions on Pattern Analysis & Machi-ne Intelligence, 2013,
35（1）：221-231.

② 赫磊，邵展鹏，张剑华，等. 基于深度学习的行为识别算法综述 [J]. 计算机科学，
2020，47（S1）：139-147.

5.5　基于 LBROV 的学习行为语音情感语义识别

随着人工智能的快速发展，人类对语言的理解逐渐从传统的语音识别（Automatic Speech Recognition，ASR）扩展到了语音情感识别（Speech Emotion Recognition，SER）①。SER 起源于国外，早期主要是对英语、德语、法语等西方语言的情感进行识别，不同语言发音方式不同，导致情感表达上有很大差别，因此想对语言的语音情感进行识别，就必须与相关的中文语料库相结合。近几年，随着部分中文语音情感库的发布，中文语音情感识别研究的发展突飞猛进。研究人员基于这些数据库可以开展中文语音情感识别算法的研究和开发，本研究的语音情感识别即基于第 4 章建立的多模态行为情感语料库。

中文语音情感识别的研究主要包括以下几个方面：①特征提取：通过分析语音信号的频谱、倒谱系数、梅尔频率倒谱系数等特征，提取能够表征情感状态的特征向量。②模型训练：利用机器学习或深度学习算法，将提取的特征向量与对应的情感标签进行训练，构建情感识别模型。③模型评估：通过交叉验证、准确率、召回率等指标对模型进行评估，优化模型的性能。④应用开发：将训练好的模型应用于实际场景中，如智能客服、情感分析系统等。

其中，语音情感识别模型算法主要分为两大类：一是传统机器学习方法。该方法主要依靠信号处理过程中对语音特征进行提取，再利用机器学习

---

① 欧志刚，刘玉屏，李若琳，等．国际中文课堂中的教师语音情感识别研究［J］．现代教育技术，2023，33（8）：87-95.

的方法对情绪进行分类。高斯混合模型①（GMM）与支撑向量机（SVM）是最常见的方法。但其不足之处是对信号处理过程的依赖性强，往往将所抽取的语音特征直接归类为情感特征，对所抽取的语音特征的质量依赖性较大。二是深度学习的方法。随着深度学习的发展，基于神经网络的语音情感识别方法逐渐崭露头角，其与传统机器学习方法相比，能够自动学习语音特征表示，并通过多层神经网络进行情感分类，可以更好地捕捉语音信号中的复杂模式和语义信息，从而提高情感识别的准确性和鲁棒性。有研究通过增加网络深度、用一维卷积代替二维卷积等方法，对以卷积神经网络为基础的模型进行训练后，获得了更好的语音情感特征向量，取得了良好的识别性能，相比传统机器学习方法有了大幅的提升。② 而 LSTM 作为一种特殊的 RNN，能够通过增加门控机制来学习长期的依赖关系，使得 LSTM 能够有效地学习语音序列中的特征，并将其用于情感分类，它在结合 CNN 学习的图谱特征中可以进一步提高识别率。③ 因此，将 CNN 与 LSTM 相融合开展情感语音识别是较好的办法。

在本研究中，首先分别从语音的原始波形中提取出谱图特征和帧级特征，其次分别在 CNN 和 LSTM 模块中进行深入学习，最后将不同模块的输出融合后进行分类，结合第 4 章，以语音情感数据库做支撑，实现学生语音情感语义的识别。具体框架如图 5-7 所示。

具体来说，第一步将语音进行预处理后，通过特征提取分别获得谱图特征和帧级特征。语音信号预处理的主要目的就是将一维语音信号转换为同时

---

① 欧志刚，刘玉屏，李若琳，等. 国际中文课堂中的教师语音情感识别研究 [J]. 现代教育技术，2023，33（8）：87-95.

② 姜芃旭，傅洪亮，陶华伟，等. 一种基于卷积神经网络特征表征的语音情感识别方法 [J]. 电子器件，2019，42（4）：998-1001.

③ 朱敏，姜芃旭，赵力. 全卷积循环神经网络的语音情感识别 [J]. 声学技术，2021，40（5）：645-651.

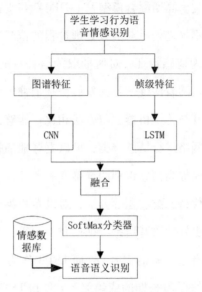

图5-7　语音语义识别框架

包含时域和频域信息的二维信号。也就是一段长的语音信号，对它进行分帧、加窗，然后对每一帧进行短时傅里叶变换，最后把每一帧的结果沿时间维度堆叠起来，就得到类似于一幅图的二维信号形式，即所谓的声谱图①，然后开展特征提取。谱图特征可以更好地表达语音信号的频域信息，而帧级特征则能够更好地捕捉语音信号的时间序列信息。因此，将这两种特征作为模型的输入可以更全面地表示语音的情感信息。谱图特征在语音识别中是一个非常重要的特征，它综合考虑了频率和时间的关系，包含了更多的相关参数，因此能更直观地表达情感，并能够提取到更多的情感信息；谱图特征需要对语音信号进行预处理，包括预加重、加窗以及通过快速傅里叶变换将信号转换为频域，并使用一组三角滤波器来提取出谱图特征。帧级特征是用于补足时间信息的：在语音情感识别中，不同语音的帧长可能并不相同，造成

①　卢官明，袁亮，杨文娟，等．基于长短期记忆和卷积神经网络的语音情感识别[J].南京邮电大学学报（自然科学版），2018，38（5）：63-69.

了原有特征中的时间相关信息的丢失，为了解决这个问题，可以从语音波形中提取帧级语音特征，取代传统的统计特征，通过帧的序列来保持原始语音中的时序关系。

第二步，使用 CNN 算法模块从谱图特征中提取情感细节，使用 LSTM 算法模块动态提取时间信息。CNN 模块可以捕获谱图特征中的时频相关信息。同时，由 LSTM 模型可以接受不同长度的输入，采用帧级特征作为输入可以更好地弥补因压缩谱图大小而在 CNN 模块中丢失的时间细节。

最后一步，将 CNN 和 LSTM 模块中同时训练的特征进行加权融合，连接到一个可训练的权重层，并使用 SoftMax 分类器进行分类，以语音情感数据库做支撑，充分利用 CNN 和 LSTM 的优势，提高模型的学习能力，实现更好效果的语音语义识别。

5.6 基于 LBROV 的学习行为语义特征融合与语义分析

在进行学习语义分析过程中，LBROV 方法是通过音视频传感器以固定的时间段（以 5 秒为单位）采集音视频信息，长音视频信息则分割为固定的长度，然后再进行表情识别 ER（Expression Recognition）、姿态动作识别 PAR（Posture and Action Recognition）和语音情感识别 SER（Speech Emotion Recognition），通过加权平均进行特征融合，开展语义分析，其计算公式如下：

$$\text{Lbr} = \begin{pmatrix} ER \\ PAR \\ SER \end{pmatrix} (w_1, w_2, w_3) = ER \times w_1 + PAR \times w_2 + SER \times w_3 \quad (5-1)$$

　　其中 Lbr 代表线下课堂学生单位时间的学习行为语义极性，*ER*、*PAR*、*SER* 分别代表表情、姿态动作、语音情感极性，$w_i(i=1,2,3)$ 代表各单模态学习行为特征的权重。

表5-1　LBROV 方法学习行为语义特征

学习行为语义极性 Lbr	表情情感特征 ER	姿态动作情感特征 PAR	语音情感特征 SER	情感标志
积极	大笑等表情	书写、举手、起立等动作	高昂、满意	2
比较积极	微笑、惊讶等表情	微笑、关注前方、与教师交流等动作	比较满意、交互型	1
中性	自然等表情	低头、抬头、端坐等动作	沉默、惊讶、平静	0
消极	愤怒、厌恶、恐惧、悲伤等表情	趴桌、左顾右盼、玩手机等动作	紧张、不满、疑问、犹豫	-1

　　根据音视频数据特点和学习行为的特点，实际生活中表情与姿态动作往往构成一个完整的整体，属于视觉信息，需要整体处理，表情与姿态动作为1：3，而视频信息与音频信息占比一般为4：1，表情、姿态动作和语音情感中，姿态动作优先，表情次之，语音情感优先级最差，比如学习者在玩手机，无论他是在微笑还是发出满意的声音，其学习行为都是消极行为。因此，在公式（5-1）中，本研究选取到表情、姿态动作、语音权重比为1：3：1，权重之和为2，即 $w_1=0.2$，$w_2=0.6$，$w_3=0.2$，表5-1为 LBROV 方法识别的主要学习行为特征，则学习行为融合后分析结果 LBR 公式如下：

$$LBR = \begin{cases} 2, & Lbr >= 1.5 \\ 1, & 0.7 =< Lbr < 1.5 \\ 0, & 0 =< Lbr < 0.7 \\ -1, & Lbr < 0 \text{ 或者 } PAR = -1 \end{cases} \quad (5-2)$$

其中 LBR＝2 为"积极行为"，LBR＝1 为"比较积极行为"，LBR＝0 为
"中性行为"，LBR＝-1 为"消极行为"。

LBROV 方法可通过 python 程序实现的主要代码：

```
//加载主要算法组件
    import cv2//加载 open cv 组件
    import lbr_ ssh    //人脸定位算法 ssh
    import lbr_ facenet//人脸识别算法
    import lbr_ ERcnn//表情识别算法
    import lbr_ PAR3D ConvNet//姿态动作识别算法
    ……
//定义单模态学习行为对象
    def detect_ face（img）：//定义人脸检测函数
        faces＝lbr_ ssh. detect_ faces（img）
        ……
        return result
    def recognize_ face（img）：//定义人脸识别函数
        faces＝lbr_ facenet. detect_ faces（img）
        ……
        return distances
//定义学习行为特征融合方法
    def feature_ fusion（lbr_ er，lbr_ par，lbr_ ser）
        ……
        lbr_ ff＝lbr_ er * lbr_ w［1］+lbr_ par * lbr_ w［2］+lbr_ serl
* br_ w［3］
        //计算学习行为融合特征，lbr_ ff>=2 为"积极行为"，1＝<lbr
_ ff<2 为比较积极行为，0＝<lbr_ ff<1 为"中性行为"，lbr_ ff<0 为"消
极行为"
        ……
        return result
        ……
```

在学习行为语义分析过程中，由于 SSH 算法、FaceNET 算法、CNN 算法和 3D ConvNet 方法等学习行为算法识别表情、姿态动作和语音情感无法正确识别或者识别不出来的情况，对无法正确识别的特征保留实际识别结果，对于识别不出来的音视频数据因不影响学习行为语义分析结果，将会直接舍弃。

5.7 对比实验

通过对学生学习情况采用教学实验对比，获取相关数据，验证 LBROV 的有效性。该数据集包含 400 条 5 秒长度的视频，视频的原始分辨率为 1920×1080。视频包含 9 名学生，按照预设规则交替完成 7 个姿态动作：端坐、书写、趴桌、左顾右盼、举手、起立、玩手机，如图 5-8 所示；完成 8 个表情动作：愤怒、厌恶、恐惧、大笑、微笑、悲伤、惊讶、自然（平静），如图 5-9 所示。

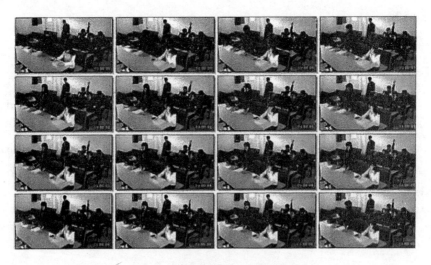

图 5-8 学生姿态行为视频帧序列

图 5-9　学生表情行为视频帧序列

　　由于样本数据量较小，为了防止训练过拟合，本研究模拟教室中光照条件的变化，采用亮度和对比度调节等方法进行数据增广。另外，当前大多数学习行为识别方法都是面向单人目标进行研究，而课堂中需要识别的学习行为涉及多个目标。因此，为了满足课堂多人场景的应用，LBROV 借鉴目标识别算法中的边界框预测方法，将每个学生的边界框划分出来，并对每个目标进行肢体关键点和表情的识别，以更加准确地判断出学生当前的学习行为类别，如图 5-10 所示。

图 5-10　学生行为数据集中的典型帧

基于深度学习行为识别算法评估中，人体动作评估使用最广泛的两个数据集是 THUMOS 2014 数据集和 ActivityNet[1]，为了进一步验证 LBROV 的识别效果，考虑到姿态动作对学习行为起主要的作用，本研究使用这两个数据集仅进行了姿态动作实验评估，在 THUMOS 2014 数据集上各模型准确率介于 73% 和 98%，在 ActivityNet 数据集上，各模型准确率介于 59% 和 81% 之间。

THUMOS 2014 数据集包括行为识别和时序行为检测两个任务。行为识别任务：它的训练集为 UCF101 数据集，共包含 101 个动作类别，总计 13320 个分段视频片段；它的验证集和测试集则分别包括 1010 和 1574 个未分割过的视频。时序行为检测任务：只有 20 类动作的未分割视频是有时序行为片段标注的，包括 200 个验证集视频（包含 3007 个行为片段）和 213 个测试集视频（包含 3358 个行为片段）。

ActivityNet 数据集是目前视频动作分析方向最大的数据集，包含分类和检测两个任务。目前的 ActivityNet Dataset 版本为 v1.3，包括 20000 个 YouTube 视频（训练集包含约 10000 个视频，验证集和测试集各包含约 5000 个视频），共计约 700 小时的视频，平均每个视频上有 1.5 个动作标注（action instance）。ActivityNet 数据集涵盖了 200 种不同的日常活动。

评估标准使用准确率（Accuracy）、平均识别精度 mAP（mean Average Precision，mAP）作为评价指标，评价指标可以衡量模型的性能，反映模型当前存在的问题，也是衡量模型泛化能力的数值评价标准。

（1）准确率

准确率是一种常用的评价指标，它的计算方法为正确识别的样本数除以所有样本数的总和，即

① HEILBRON F C, ESCORCIA V, GHANEM B, et al. ActivityNet: a large-scale video benchmark for human activity understanding [C] // Proceedings of the ieee conference on computer vision and pattern recognition. Boston: IEEE, 2015: 961-970.

$$\text{Accuracy} = \frac{TP + TN}{P + N} \tag{5-3}$$

（2）平均识别精度 mAP

平均识别精度（mean Average Precision，mAP）是行为检测任务中常用的算法评估标准，主要包括精确率（Precision）和召回率（Recall）两个指标。精确率是精确性的度量，表示被模型识别为正确的样本数中实际是正确样本数的比例。召回率衡量了模型对正确样本的覆盖程度，即模型能够正确识别到多少正确样本。其具体计算公式为

$$\text{Precision} = \frac{TP}{TP + FP}$$
$$\text{Recall} = \frac{TP}{TP + FN} \tag{5-4}$$

公式（5-3）和（5-4）中，P 代表正确的样本（Positive）数、N 代表错误的样本（Negtive）数，True Positives（TP）代表正确样本被识别为正确样本的个数，False Positives（FP）代表错误样本被识别为正确样本的个数，False Negatives（FN）代表正确样本被识别为错误样本的个数，True Negatives（TN）代表错误样本被识别为错误样本的个数。[1]

表 5-2　不同算法在 THUMOS 2014 和 ActivityNetv1.3 数据集上的准确率

数据集 / 算法名称	年份/年	Accuracy/%	
		THUMOS 2014 数据集	ActivityNet v1.3 数据集
Two-stream model 算法	2014	88.0	59.4
2sCNN	2016	92.5	65.4
TSN	2016	94.2	69.4
R3D	2018	97.3	78.1

---

[1] 王彩玲，闫晶晶，张智栋. 基于多模态数据的人体行为识别方法研究综述 [J/OL]. 计算机工程与应用，2024-04-27.

续表

算法名称 ＼ 数据集	年份/年	Accuracy/%	
		THUMOS 2014 数据集	ActivityNet v1.3 数据集
D3D	2020	97.6	80.5
3DCCA	2023	90.9	59.5
LBROV	2024	97.8	80.7

　　LBROV 与其他算法相比在 THUMOS 2014 数据集和 ActivityNet v1.3 数据集上的姿态动作准确率（Accuracy）分别如表 5-2，可以看出：在这两个数据集上，LBROV 的识别准确率优于其他算法。

　　为了验证实际课堂中 LBROV 的识别准确率，本研究还录制了真实课堂学习视频，其部分学习场景如图 5-11 所示。通过计算，在真实场景中，本研究得出 LBROV 的目标动作识别准确率高达 89%，说明 LBROV 采取姿态动作识别策略与效果良好。后续通过增加训练样本，LBROV 的识别准确率还有继续提高的空间。

图 5-11　真实课堂教学视频

5.8 实证效果评价

5.8.1 实证概述

传统研究中，很多研究者都采用问卷调查的方法进行研究，尝试通过学习行为出现的频率来解释学习效果的异同。传统对课堂教学效果的评价，往往通过学生、教师自己、同行教师和学院领导等多个主体根据一系列评价指标进行主观打分加权评分决定（如表5-3所示）。由于主观性较强、人为影响因素较多，此评价方法具有较大的狭隘性与局限性。

而随着网络教育和新技术的普及，教学方式和学习方式都发生了深刻的转变，课堂已经从传统的单一接受学习的模式转变为多样化的学习模式。在这种情况下，很多学者开始对各种学习环境下的学习行为和学习效果的关联性开展实证研究，掌握学习行为对学习效果的影响因素，并据此尝试建立学习行为规范，有助于提高教学效果和课堂课程的改良。

为了克服多主体主观评价的缺陷，本研究开展学生学习行为的智能分析，采用LBROV，提出了基于学生学习行为分析的教学效果满意度评价方法（Satisfaction Evaluation of Teaching Effectiveness Method，SETEM）。

表5-3 多主体教学满意度评价指标

一级指标	权重	二级指标	比重
教学态度	0.15	在准备课程时认真对待，熟悉所要上课的内容	0.60
		举止得体，落落大方	0.40

续表

一级指标	权重	二级指标	比重
教学内容	0.40	讲课的内容严格符合要求，突出重点、难点	0.40
		有清晰的目标，所讲述的内容没有错误	0.30
		讲课内容契合所规定的要求，善于结合实际	0.20
		恰当地引用相关文献	0.10
教学方式	0.15	根据教材开展教育，让学生清楚地认识	0.15
		注重启发，引领学生独立思考	0.30
		上课内容书写整齐，善于运用多媒体提高上课效果	0.30
		备课笔记齐全，内容联系实际，能体现当前最新的科技研究成果	0.25
互动方式	0.30	上课期间善于调动学生的积极性，活跃课堂气氛	0.60
		每节课课堂互动多于5次	0.40

教学效果评价结论：>0.85：优秀；0.75~0.85：良好；0.6~0.75：合格；<0.6：不合格
进行映射和量化处理：2：优秀；1：良好；0：合格；-1：不合格

5.8.2　SETEM 方法设计

如前文所述，LBROV 将学生的学习行为分为积极学习行为、比较积极行为、中性学习行为和消极学习行为四类，以姿态动作为主，表情行为和语音情感行为为辅开展教学效果满意度评价，本研究得到 SETEM 方法中的教学效果满意度分析指标，如表5-4所示。

线下课程满意度评价的思路是将课程音视频以固定时段（每5秒钟为一个单位）按照公式（5-2）计算每一段音视频中学习行为指标 LBR，通过公式（5-5）统计所有学习行为指标 LBR 的次数 N_p，分别对应积极学习行为、比较积极行为、中性学习行为和消极学习行为。其中，$f_p(k)$ 表示第 k 段音视频中对应的学习行为指标的人数，$\sum\limits_{p=1}^{4} f_p(k) = S$。

$$N_p = \sum\limits_{k=1}^{F} f_p(k), \ p = 1, \ 2, \ 3, \ 4 \qquad (5\text{-}5)$$

表5-4 学生学习行为教学效果满意度分析指标

序号	学生行为分类	主体学习行为：姿态动作	辅助学习行为	
			表情动作	语音情感
1	积极行为	书写、举手、起立	大笑等表情	高昂、满意
2	比较积极行为	关注前方、与教师交流	微笑、惊讶等表情	比较满意、交互型
3	中性行为	低头、抬头、端坐	自然等表情	沉默、惊讶、平静
4	消极行为	趴桌、左顾右盼、玩手机	愤怒、厌恶、恐惧、悲伤等表情	紧张、不满、疑问、犹豫
教学效果满意度指标（统计阈值）：①课堂效果好：≥2；②课堂效果较好：1.5~2；③课堂中性：1~1.5；④课堂纪律差：<1			进行量化处理：①课堂效果好：2；②课堂效果较好：1；③课堂中性：0；④课堂纪律差：-1	

根据学习行为统计情况建立课堂教学效果满意度评价方法 SETEM，评价依据是学习行为指标与学习行为总数的比例 R，R 的计算如公式（5-6）所示。

$$R = \frac{\sum\limits_{p=1}^{3} N_p}{N_4} \qquad (5\text{-}6)$$

在公式（5-6）中 $N_4 \neq 0$；当 $N_4 = 0$ 时，$R = 2$，则课堂教学效果满意度评价方法可以定义为 SETEM（R），具体评价得分规则如公式（5-7）所示。其中，SETEM（R）= 2 表示课堂学习效果好，1 表示较好，0 表示一般，而-1 表示较差。

$$SETEM\ (R)\ =\begin{cases}2 & R\geqslant2\\1 & 1.5\leqslant R<2\\0 & 1\leqslant R<1.5\\-1 & R<1\end{cases} \tag{5-7}$$

5.8.3 教学效果满意度实证

为验证以上模型的实证效果，实证使用 25 堂国际汉语教育的实时课堂总结 1125 分钟的音视频动作进行分析，同时邀请授课教师、学生、同行和领导对课堂采用多种主体主观评价指标和 LBROV 方法进行对比评估分析，对 25 堂课程分别选取 5、10、15、20、25 堂课程进行评价对比分析，统计结果如表 5-5 所示，从该表可以看出两种方法在课堂效果积极因素方面（课堂效果好与课堂较好累计）当选取 5、10、15、20 堂课程时相等均为 3、5、8、11，当选取 25 堂课程时，仅相差 1 堂，从而表现高度一致。

绘制两种方法在对应 25 堂课程时的雷达图 TEV，如图 5-12（a）所示，两种在不同的课堂效果 TEV 图形高度叠加，表现也高度一致，其中 LBROV 方法稳定性更好些，对于 LBROV 方法，以阈值为 100 进行数据量化，绘制雷达图 TEV 的结果分析如图 5-12（b）、图 5-12（c）、图 5-12（d）、图 5-12（e）所示，雷达图 TEV 构成的面积为正数值，值越大课堂效果越好，如图 5-12（b）、图 5-12（c）面积为正；反之会越差，如图 5-12（d）、图 5-12（e）面积为负。一般来说，高质量的课堂学习可以更好地吸引学生，从而产生积极的学习行为，反之将产生消极的学习行为。

表 5-5 评价方法实证数据列表

实验序号	评价方法	课堂效果好	课堂较好	课堂中性	课堂纪律差	课堂总数
1	多种主体评价	1	2	1	1	5
	LBROV	2	1	0	2	

续表

实验序号	评价方法	课堂效果好	课堂较好	课堂中性	课堂纪律差	课堂总数
2	多种主体评价	3	2	2	3	10
	LBROV	3	2	3	2	
3	多种主体评价	4	4	3	4	15
	LBROV	3	5	3	4	
4	多种主体评价	7	4	4	5	20
	LBROV	5	6	6	3	
5	多种主体评价	9	5	5	6	25
	LBROV	7	6	6	6	

5.9　本章小结

　　本章提出的 LBROV 方法能够快速、准确地识别学习者学习行为和教学效果评价,其中教学效果评价 SETEM 方法与多种主体评价方法表现效果高度一致,但效率更高,LBROV 方法对于智慧课堂、远程学习、移动学习、MOOC 等远程互动课堂和在线学习的教学效果评价和个性化推荐,具有很好的借鉴意义。考虑到未来教育中,基于教育的趋势及学生学习的特性,学习行为还需考虑学生互动状态、网络点击行为和学习日志等网络行为,因此下一章将从学生在线学习行为挖掘有效信息,引入学习者学习行为的因素数据构建基于在线学习行为的多模态语义分析模型。

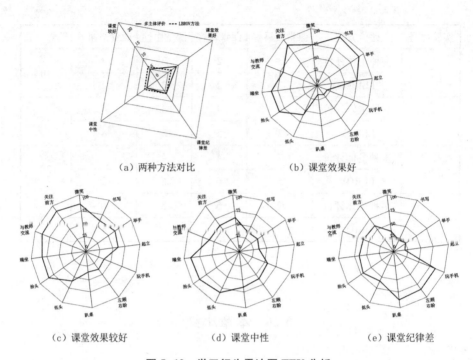

（a）两种方法对比　　　　　　　（b）课堂效果好

（c）课堂效果较好　　　　（d）课堂中性　　　　（e）课堂纪律差

图 5-12　学习行为雷达图 TEV 分析

第 6 章

语言智能场景下的在线学习行为的多模态语义分析

有别于线下学习行为的音视频模态数据，学生的在线行为数据模态主要是网络动作和文本信息，其数据可以直接通过学习系统获取，不需要通过捕捉设备进行二次转换，而其中的文本和学习行为动作数据是重要的学生行为语义识别数据。因此，本章提出一种基于在线学习行为的深度学习情感语义分析方法（Deep Learning Approach for Sentiment Semantics Analysis Based on Online Learning Behaviors，DLSS-OLB），对学生在线学习行为开展情感语义分析，并进行实证评价。

本章的内容和结构安排如下。在 6.1 节，主要针对当前在线课堂学习行为语义分析和教学效果评价存在的突出问题展开论述，描述要解决的重点问题并初步分析解决路径。在 6.2 节，提出一种基于在线学习行为的深度学习情感语义分析方法，即对 DLSS-OLB 方法工作流程进行详细解释。在 6.3 节，阐述学生在线学习行为的特征提取与分析方法，提出利用特征融合的方式获取效果更好的特征向量，同时提出对应的语义分析模型。在 6.4 节提出了教学效果评价方法，实现学生在线行为语义分析的效果评价。在 6.5 节，对本章的内容进行了全面总结。

6.1 问题描述

在当今数字化时代，语言智能场景下的开放课堂已经成为教育领域的一大革命性进步。这种教学模式通过充分发挥互联网和数字智能技术的优势，将教学内容和学习体验呈现给学生，为他们提供了全新的学习方式和机会。开放课堂的一个关键理念在于依托在线教学平台，以创新的方式将知识传授给学生，通过视频课程、互动教材、在线测验等多种形式，学生可以在虚拟的教室里获取丰富的教育资源，不仅拓宽了知识的获取途径，还为学生提供了根据个人节奏进行学习的机会。在开放课堂中，无论是追赶学习进度还是深入探究特定主题，学生都可以自由选择适合自己的学习路径，从而更好地实现个性化学习。

其中，在线教学作为开放课堂中的一种创新的教育模式，在不断发展和完善中展现出了其在教育领域的巨大潜力。随着科技的迅猛进步，网络技术的广泛应用，以及人们对灵活、便捷学习方式需求的不断增加，在线教学逐渐成为教育领域的焦点。它不仅为学生提供了随时随地获取知识的机会，也为教育者提供了更多教学手段和方法的选择，推动了教育的全球化和智能化进程。在在线教学中，在线学习平台充当了关键角色，承载了丰富多样的教学内容和活动。有组织的教学内容包括了多种教材、课件、视频讲座等，这些丰富的资源为学生提供了多样化的学习途径，满足了不同学习风格的需求。同时，精心设计的教学活动则促使学生在参与中更加深入地理解知识，例如在线讨论、团队合作项目、实时互动等，这些活动激发了学生的学习兴趣，提高了学习效果。在线教学的交互性也为学习过程增添了更多维度，学生在学习过程中产生的交互信息被记录下来，这些信息包括了学生的提问、讨论、问题解答等，这为教育者提供了宝贵的反馈。通过对这些交互信息的分析，教育者可以了解学生在学习过程中遇到的困难，及时进行辅导和指导，个性化地满足学生的学习需求。值得注意的是，学生在在线教学平台上的学习行为也为教育研究提供了丰富的数据资源。学生的在线学习行为结构化数据涵盖了诸多方面，如学习时间、频次、学习行为类型等，这些数据可以通过统计分析揭示学生的学习习惯和偏好，而非结构化的文本数据则更加深入地展现了学生的学习心理。通过文本分析技术，可以挖掘学生在论坛中的发言、互动内容以及对课程的评价，从而获取情感信息和认知态度。这些非结构化数据为教育者提供了深入了解学生内心世界的窗口，有助于更好地把握学生的情感波动和学习态度变化。

综上，在线教学是在网络环境下组织的教学内容并实施的教学活动的综合，由在线学习平台承载和运行，包括有组织的教学内容、有设计的教学活动、有记录的交互信息和对课程的教学分析等活动。学生在线学习行为既包含了在线资源学习时间、周期登录频次、固定学习时间间隔、论坛浏览量、论坛参与度、提交测验量、测验通过量、提交任务量、任务通过量等学习动作结构化数据[①]，也包含了论坛讨论、师生互动行为、知识点学习互动、知识点留言评价等非结构化文本数据。其中，文本和网络动作行为是其中最为重要的内容，是学生对于自身学习行为的总结和反映，能够较为真实地显示学生的内心感受和学习掌握情况。因此，对文本和网络动作进行情感分析，在充分挖掘、研究的基础上，发现和了解学生的情感观点和心理状态，有利于教育者掌握学生的学习情况和效果，是未来教育的必然发展方向。因此分析学生学习行为语义主要涉及学习行为动作和文本数据，它们是其中最为重

---

① 萧潇. 在线开放课程中的规范化与个性化初探 [J]. 工业和信息化教育，2016
(11)：84-89.

要的关键数据，学习行为动作一般使用统计方法开展研究，而文本数据可以通过语言智能模型分析学生学习情感获取学生学习行为情感语义。

表 6-1　在线学习行为典型研究方法

学生在线学习行为研究	研究思路	典型研究	主要特点
多主体行为评价方法（传统方法）	利用文献分析、多主体行为主体访谈调查、在线调研等方式和数据工具进行分析	多主体行为分析，主要涉及行为特征的分析、行为偏好的调查、行为分类指标的制定、行为分析模型的构建、分析工具的开发、采集数据的方法与工具以及影响因素分析等	对学生学习行为分析比较经典，其缺点是耗时费力、统计方法单一、受行为主体的干扰
基于学生动作分析方法	利用教学平台本身具有一定的数据记录、统计与分析等能力分析在线学习动作行为	杨现民、王怀波等①探索滞后序列分析方法在学习行为分析中的应用，李小娟等②对混合教学案例的在线学习表征数据进行定量分析，孙月亚等③通过对学习者在线学习记录数据的统计，马婧等④探究了网络环境下教师群体教学行为与学生群体学习行为的特征及其关系，冯晓英等⑤基于学习分析方法探究了学生的在线学习行为与认知水平的关系	有力推进在线教育教学质量的提升

---

① 杨现民，王怀波，李冀红. 滞后序列分析法在学习行为分析中的应用 [J]. 中国电化教育，2016 (2)：17-23，32.
② 李小娟，梁中锋，赵楠. 在线学习行为对混合学习绩效的影响研究 [J]. 现代教育技术，2017, 27 (2)：79-85.
③ 孙月亚. 开放大学远程学习者在线学习行为的特征分析 [J]. 中国电化教育，2015 (8)：64-71.
④ 马婧. 混合教学环境下大学生学习投入影响机制研究：教学行为的视角 [J]. 中国远程教育，2020 (2)：57-67.
⑤ 冯晓英，郑勤华，陈鹏宇. 学习分析视角下在线认知水平的评价模型研究 [J]. 远程教育杂志，2016, 34 (6)：39-45.

续表

学生在线学习行为研究	研究思路	典型研究	主要特点
基于文本情感分析方法	利用教学平台记录学生对教学互动、评价开展文本情感分析	栗雨晴等①提出一种基于双语词典的多类情感分析模型；唐慧丰等②采用 BiGrams 特征表示方法、信息增益特征选择方法和 SVM 方法时效果开展文本情感分析；Madasu A 等③和罗帆等④基于深度学习开展文本的情感分析分类；谷歌公司提出的 BERT 语言预训练模型对文本情感语义理解和情感分析提供有效和快捷的方法；李慧⑤针对学习体验文本提出了一种学习者情感分析模型	在文本情感分析方面取得良好的效果，对学生学习行为具有较大积极意义

目前，大部分研究者主要从多主体行为评价方法、基于学生动作分析方法和基于文本情感分析方法三方面开展研究，已经取得比较好的分析效果，但均有自身的缺点和局限，具体如表6-1所示。总体来看，多主体行为评价方法存在耗时费力、统计方法单一、受行为主体的干扰等缺点；基于学生动

① 栗雨晴，礼欣，韩煦. 基于双语词典的微博多类情感分析方法 [J]. 电子学报，2016，44（9）：2068-2073.

② 唐慧丰，谭松波，程学旗. 基于监督学习的中文情感分类技术比较研究 [J]. 中文信息学报，2007，21（6）：88-94.

③ MADASU A，RAO V. Sequential learning of convolutional features for effective text classification [C] // In proceedings of the 2019 conference on empirical methods in natural language processing and the 9th international joint conference on natural language processing（EMNLP-IJCNLP）. Hong Kong：Association for Computational Linguistics，2019：5658-5667.

④ 罗帆，王厚峰. 结合 RNN 和 CNN 层次化网络的中文文本情感分类 [J]. 北京大学学报（自然科学版），2018，54（3）：4-10.

⑤ 李慧. 面向学习体验文本的学习者情感分析模型研究 [J]. 远程教育杂志，2021，39（1）：10.

作分析方法存在智能化分析不足、行为分析指标不够全面等缺点，且大部分方法仅分析了学生行为结构化数据，对互动、评论与教学评价等非结构化文本情感分析较少涉及；基于文本情感分析方法存在行为分析指标不够全面和干扰行为主体等缺点。

综上所述，多主体行为评价方法、基于学生动作分析方法和基于文本情感分析方法都在一定程度上受到了限制，无法全面准确地展现学生行为。多主体行为评价方法虽然能够考虑多个参与者的行为，但在处理大规模数据时可能出现信息过载和分析复杂度提高的问题，且不同主体之间的行为互动复杂，难以全面捕捉各个学生的特定情境和个体差异。基于动作分析方法关注学生的行为动作，但忽视了学生在行为背后的情感和动机。而基于文本情感分析方法则倾向于过分依赖语义模型，可能无法准确捕捉到学生话语背后的情感真实性。

为了解决这些问题，研究者开始将多种特征融合到学生行为数据的情感分析中，这样的多特征情感分析方法更全面地考虑了学生行为的多个方面，包括动作和文本表达，有助于更准确地解读学生的情感状态和学习态度，更好地洞察学生内心世界。然而，尽管这种方法在一定程度上优化了之前方法的局限性，但目前仍然缺乏成熟和高度适用的分析方法。此外，在学生行为语义分析中，多级情感分类也逐渐受到关注。通过将情感划分为不同级别，可以更加精细地描绘学习者的情感体验，不仅可以捕捉到基本情感（如高兴、沮丧、满意等），还可以分析更加微妙的情感变化，如焦虑、好奇、兴趣等。这种多级分类能够更准确地揭示学生的真实情感变化，反映出学生在学习过程中的复杂心理状态，对在线教育中的多级教学效果评估评价分类划分更为准确。

因此，为了有效开展学生在线行为语义分析，本章提出融合多种特征和采用多级情感分类的 DLSS-OLB 方法，通过某开放大学在线学习平台获取学生学习动作、教学互动文本信息，对学生的在线学习过程数据开展智能分析，并建立教学效果满意度评价模型，以实现对教学效果的评价。

6.2　在线学习行为语义分析 DLSS-OLB 方法

6.2.1　在线学习行为主要特征分析

在线教学课程一般由一系列紧密相关的知识点构成，这些知识点在教学活动中扮演着传递信息的基本单元角色。所谓的"知识点"，并没有被严格限定在某种范畴或特定的描述中，而是具有一定的灵活性和可变性。一个知识点可以涵盖多种内容，如理论、原理、概念、定义、范例和结论等。这些组成要素相互交织，形成一个有机的教学单元，帮助学习者理解和掌握特定的主题。例如，在一门数学课程中，一个知识点可能包括某个数学概念的解释、相关定理的阐述，以及通过具体的例子演示如何应用这些理论来解决问题。知识点的划分并不是固定不变的，而是根据课程的目标和学习者的需求来进行调整。划分知识点的基本原则之一是保证知识内容的局部完整性，这意味着每个知识点应该在一定程度上自成一体，能够独立传达一定的信息，确保学习者能够有针对性地选择和学习特定的知识点，而不必按照线性顺序逐一学习整个课程内容。另一个划分原则是整体性，尽管知识点可以被单独教授，但它们也应该在整个课程结构中具有相互联系，构成一个有机的知识体系，便于学习者能够更好地理解不同知识点之间的关系，形成更为完整的认知图景。

在线教学课程的知识点包含知识点名称和教学内容，教学内容是由文本、音频、视频等形式组成，学生通过点击鼠标或敲打键盘浏览相关知识点进行学习，学习过程中可以在学习平台与教师进行实时交互或者留言沟通。

学生学习行为包含课程全局学习行为和知识点局部学习行为，学习行为可划分为包含结构化动作行为描述和非结构化文本行为描述，如表 6-2 所示，在在线教学平台中，结构化行为可由平台统计数据库获取，非结构化主要涉及文本数据，可从学习平台中直接获取后再进一步处理。

表 6-2　学生学习行为主要特征

行为属性 / 特征类型	动作行为（结构化数据）	时间行为（结构化数据）	文本行为（非结构化数据）	视频/音频行为（非结构化数据）
课程学习行为特征（全局学习行为）	课程学习频次（登录）、直播观看次数、浏览教学资源总数、知识点学习总量、完成课程任务数、提交作业次数、参加考试数、论坛访问数、与教师交流次数等	课程学习总时间、直播观看中次数、视频学习总时间、完成课程各类任务总时间等	师生交互、论坛、作业、考试主观题答案、课程评价等涉及课程描述的各类文本	学生学习过程中产生的表情音视频采集的数据，师生交互、论坛中产生的音视频信息
知识点学习行为特征（局部学习行为）	知识点资源浏览次数	知识点学习时间、知识点视频/直播观看时间等	师生交互、论坛、作业、考试主观题答案、课程评价等涉及知识点描述的各类文本	

DLSS-OLB 方法主要思路是在线课程教学内容描述成一系列知识点 $K = \{k_1, k_2, \cdots, k_n\}$，学生学习行为包括课程全局学习行为 T 和知识点局部学习行为 K，学习行为特征分为动作特征 A、时间特征 T、教学互动与评价的文本情感特征 X，因此学生学习行为特征包含课程动作 TA、课程学习时间 TT、课程文本情感 TX 和知识点动作 KA、知识点时间 KT、知识点文本情感 KX6 类特征。通过 6 类特征，构建面向学习者动作和文本描述的多特征多级

语义分析模型，开展在线学习行为的情感分析，针对不同在线教学模式的学习情感类别及其归属的情感极性开展语义分析和评价，从而找出在线教学中教学模式与内容的最佳组织方式。

6.2.2 DLSS-OLB 方法主要工作思路

DLSS-OLB 方法主要分 4 步：一是学生在线行为数据获取，二是行为数据预处理，三是分类模型构建，包括教学知识点实体提取及其对应情感相关特征提取和分析，四是教学效果评价。整体设计框架如图 6-1 所示。

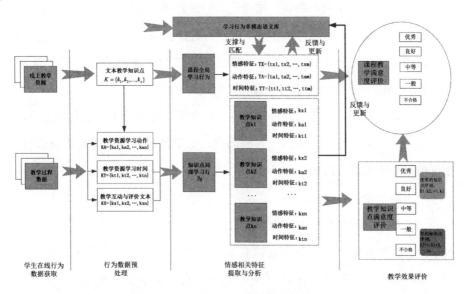

图 6-1　DLSS-OLB 整体设计框架

1. 图 6-1 中学生在线行为数据可直接从学习平台后台数据库中直接获取，主要包括教学章节等在线教学资源和学生学习过程数据。

在本研究中，仍然是基于某开放大学的 MOOC 学习平台，从该平台中直接获取所需数据。正如第 4 章中所述，该平台后台管理模块采用了数据挖掘技术，对学生的学习过程进行跟踪记录，能够将获取的数据信息进行动态分析，为教师对学生进行学习干预和学习效果评价提供一手资料和参考数据。[①]

2. 原始的学生学习行为数据包含课程在线教学资源、教学过程的结构化动作行为数据与非结构化文本数据，其中结构化数据格式与分析模型存在很大差异，非结构化文本数据是具有噪声的无规则数据集，这些数据需要预处理；DLSS-OLB 方法数据预处理主要完成结构化学习行为数据的编码及数据的向量化，其处理如表 6-3 所示；非结构化文本进行数据清洗去除噪声，比如去除无效字符和数据、统一数据类别、使用分词工具进行分词处理、停用词过滤等，具体包括以下几种：

（1）课程全局学习行为特征结构化数据预处理。根据课程学习行为特征将其编码，如表 6-3 所示，从学习平台中可直接获取课程行为特征和时间特征数据等结构化数据。比如：TXN = 50，代表某学生学习某课程频次是 50 次；TLT = 90，代表某学生学习某课程总时间为 90 分钟。

（2）教学知识点提取与预处理。首先将含课程在线教学资源划分为一系列知识点并确定知识点实体名称和编码化。如某课程划分为 160 个知识点，则可根据教学知识点编码划分为 $KN = \{KN[i], i = 1, 2, \cdots, 160\}$，其中 $KN[i]$ 为每个知识点名称。

（3）教学知识局部学习行为特征结构化数据预处理。从学习平台中保存的学生各教学资源学习状态可直接获取教学知识点的结构化数据并将其编码，编码如表 6-3 所示。比如：$KN[i] = 38$，代表某学生学习知识点 $KN[i]$ 频次是 38 次；$KLT[i] = 8$，代表某学生学习知识点 $KN[i]$ 时间为 8 分钟。

（4）学习行为特征非结构化数据预处理。非结构化数据以文本方式组成，主要包含学习过程中师生互动、论坛留言和课程、知识点评价等内容，去除无关紧要的信息后，在后续通过 NLP 工具对课程实体名、知识点名、情感词、程度词、句子进行自动标注。

---

① 李芳. 职业院校学生在线学习行为分析研究 [D]. 西安：陕西师范大学，2017.

表 6-3　学生学习行为主要特征转换数据编码表

类型	名称	编码	类型	名称	编码
课程行为特征（动作特征：TA）	课程学习频次（登录）	TXN	知识点行为特征（动作特征：KA）	知识点学习频次（点击次数）	KXN
	浏览教学资源总数	TZN			
	完成课程任务数	TRN	知识点行为特征（时间特征：KT）	知识点学习时间	KXT
	课程直播观看总数	TLN			
	教学知识点学习总量	TKN	知识点行为特征（文本情感特征：KX）	知识点文本情感评价	KX
	提交参加考试次数作业次数	TCN			
	与教师交流次数	TTN	文本情感分析模型编码	课程实体名	TN
	与同学交流次数	TSN		知识点实体名	KN
课程局行为特征（时间特征：TT）	课程学习总时间	TXT		师生主体名	PN
	课程直播观看总时间	TLT		情感词	EW
课程行为特征（文本情感特征：TX）	课程文本情感评价	TX		程度词	CW
				连词	AW
				文本开始	CLS
				句子分隔	SEP
				文本结束	EOT

例子：

例如学生学习《语言智能原理与应用》课程的基本概念这个知识点时留言评价："这节课老师讲得不错，语言智能基本概念深入浅出，但是涉及语言智能的常见模型的基本原理我没有学懂。"

数据预处理结果：［CLS］　［TN］<这节课>［PN］<老师>讲得［CW］<不错><SEP><语言智能基本概念>［EW］<深入浅出><SEP>［KN］<语言智能模型基本原理>［PN］<我>［CW］<没有>［EW］<学懂>［EOT］

3. 情感分类模型主要是从课程中提取全局行为特征和局部行为特征，以便分析学生对课程、教学知识点的情感极性。本阶段，首先需要分析学生在课程中的全局行为特征，包括学生的参与度、提交作业的频率、在线互动的次数等，全局行为特征能够揭示学生对整个课程的整体感受和情感倾向，从而帮助教育者了解课程的吸引力和有效性。其次需要考虑学生在课程中的局部行为特征，特别是与教学知识点相关的行为，包括学生在特定知识点的提问、讨论以及表达看法的次数，局部行为特征能够揭示学生对不同知识点的兴趣、理解程度和情感反应。最重要的是，如何从非结构化文本信息中提取课程教学知识点及其情感特征并进行归类，相关算法需要第 4 章建设的多模态学习行为语义库的支撑和使用语言智能模型开展文本情感分类特征提取。

4. 教学效果评价阶段是在线教育平台中的关键环节，旨在通过智能评估模型准确分析课程的教学效果。这个阶段主要是根据课程全局行为特征和课程各教学知识点的局部行为特征构建教学效果智能评估模型，分析课程中各教学知识点的效果等级，给出课程中优秀的教学知识点和效果较差需要改正的教学知识点，同时通过各教学知识点的效果等级再分析出课程的教学效果等级，供教育工作者参考。

6.3 基于 DLSS-OLB 的特征提取与分析方法

6.3.1 语言智能的常见语义分析模型概述

语言智能的最基础研究还是对语法、句法和语义的研究，关注的核心在于语言和文本，难点在于理解语言不能光靠逻辑，还要有强大的处理模型和工具，需要有这些支撑才能更好地处理数据并对文本进行进一步的理解和分析。典型的语言智能处理工具有 Word2Vec 模型。

Word2Vec 模型是 Google 研究团队提出的一种高效训练和生成词向量的模型，其核心思想是文本中上下文相似的两个词或者词汇，它们对应的词向量特征也应该相似，比如在句子中苹果和梨可能经常出现在相同的上下文中，因此这两个词对应的词向量特征应该比较相似。根据给定的语料库，Word2Vec 可以通过优化后的训练模型将一个词语快速有效地转换成向量特征表示，为自然语言处理领域的应用研究提供了重要的研究工具。Word2Vec 使用 skip-gram 模型或连续词袋（CBOW）来建立神经词嵌入。

skip-gram 模型是一个简单但却非常实用的模型，如图 6-2 所示，skip-gram 指"跳过某些符号"的含义，skip-gram 模型允许某些词或词汇被跳过，假如允许跳过 2 个词，其模型为 2-gram。在文本情感语义分析中，文本语料的选取相当重要：第一，语料的选取范围必须充分大。（1）文本情感词典的用词量要足够大，（2）要尽可能多地包含反映词或者词语之间逻辑关系的句子；第二，语料的选取必须准确。在 n-gram 模型中，由于窗口 n 大小的限制，当前词与超出窗口 n 范围外的词或者词语之间的逻辑关系不能反映到模型之中，通过扩大窗口 n 的大小又会增加训练的复杂度。skip-gram 模型的提出很好地解决了这些问题，其模型训练得到的词向量可以更加容易地计算词语之间的语义相关性，利用词向量之间余弦距离表示词语之间的关系，余弦相似度值越大，词语间关系越大，余弦相似度值越小，词语间关系越小。

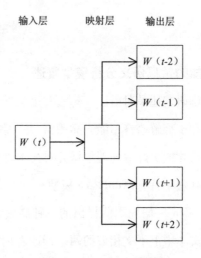

图 6-2   skip-gram 模型

CBOW（Continuous Bag of Words）模型又叫"连续词袋模型"，主要用于生成词向量的神经网络模型，它根据给定词周围的上下文词汇来预测给定词的出现位置，是一种统计语言模型，其词向量将单词表示为固定长度的实数向量，并捕捉单词之间的语义和语法关系。例如，对于句子"我喜欢上课"，CBOW 模型可通过上下文词汇"我""上课""预测目标词""喜欢"。

CBOW 模型根据上下文预测目标词汇，其训练过程包括输入层（Input）、映射层（Projection）和输出层（Output）三部分构成，如图 6-3 所示：

（1）输入层为目标词 $W(t)$ 周围上下文的 $n-1$ 个词汇的词向量，设 $n=5$，则词 $W(t)$ 上文词记为 $W(t-2)$、$W(t-1)$ 共两个，下文词记为 $W(t+1)$、$W(t+2)$ 共两个。上下文词对应的向量记为 $V[W(t-2)]$，$V[W(t-1)]$，$V[W(t+1)]$，$V[W(t+2)]$。

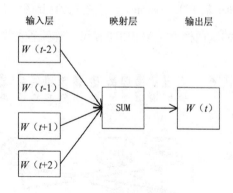

图 6-3 CBOW 模型

（2）从输入层到映射层将 4 个词以向量形式相加。

（3）而从映射层到输出层需构造 Huffman 树，从 Huffman 树的根节点开始，映射层的值沿着 Huffman 树进行 Logistic 分类，其间不断修正各中间向量与词向量，得到词 $W(t)$ 所对应的词向量 $V(W(t))$。

CBOW 也被应用在计算机视觉领域以及文件分类中，词出现的频率可以用来当作训练分类器的特征。

随着语言智能技术的发展，深度学习技术取得了巨大的突破，为语言智能提供了强大的支持，例如，卷积神经网络（CNN）、循环神经网络（RNN）和变换器 Transformer 架构（如 BERT、GPT）等模型，能够从大规模的文本数据中提取有关语法和语义等特征信息。基于自注意力机制的双向 Transformer 模型因具备并行性好，又适合捕获长距离特征，是目前 NLP 里最强的特征提取器，典型有 GPL、BERT 和 ALBERT 模型，其中由于 Albert 模型具有参数量小、训练速度快、学习效果强等优势，在非结构化文本提取教学知识点实体和进行情感极性分类具有很好的作用，DLSS-OLB 方法主要采用 ALBERT 模型开展语义分析。

6.3.2 DLSS-OLB 中的语义分析模型构建

本章采用 Albert 语言预训练模型进行学生学习行为特征提取与智能分析，

它有两种形式，一种是基于 Transformer 的多模态预训练模型（Pretrain），一个是基于 Transformer 的微调模型，ALBERT 模型工作流程如图 6-4 所示。

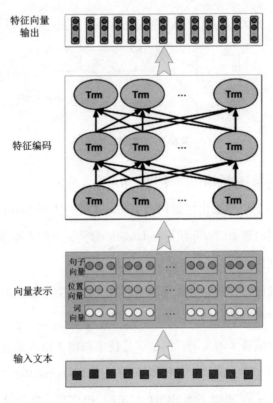

图 6-4 ALBERT 预训练语言模型结构

DLSS-OLB 在预训练语言 Pretrain 模型时，本研究选哈工大讯飞联合实验室发布的全词覆盖的中文 ALBERT 预训练模型，该模型在多个中文数据集上取得了当前中文预训练模型的最佳水平，效果甚至超过了原版 BERT、ERINE 等中文预训练模型，在此基础上结合教学知识点库和第 4 章描述的多模态学生行为情感语义库开展 Fine-tuning，输入带有教学知识点实体、程度词和情感词的词向量，采用全词覆盖方式加以训练，首先使用 ALBERT 模型获取学生行为动态特征，其次通过双向长短期记忆深度学习融合上下文特征信息，最后使用随机转移场模型 CRF 层对 BiLSTM 的输出序列处理，结合 CRF 中的状态转移矩阵，根据相邻之间标签得到一个全局最优序列，对课程实体、教学知识点进行命名、实体识别提取并获取对应的情感极性，从而构建学生在线行为语义分析模型，如图 6-5，主要思路如下：

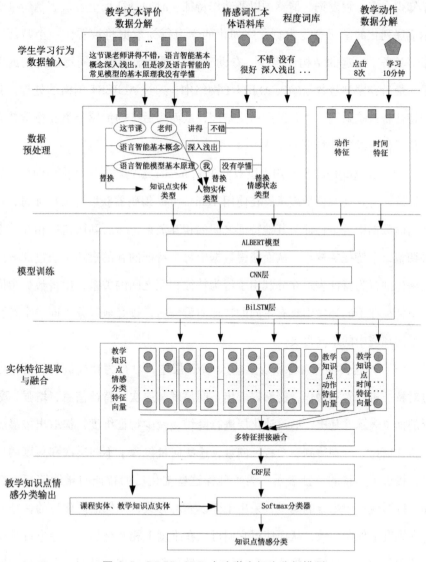

图 6-5　DLSS-OLB 方法学生行为分析模型

（1）对输入的数据进行预处理。对输入的信息进行预处理是构建智能评估模型的关键步骤之一，这个过程有助于将原始文本转化为适合神经网络处理的形式。首先，将输入文本的开头和结尾分别加上特殊字符［CLS］和［SEP］，有助于网络理解文本的起始和终止。同时，文本中课程实体名、教学知识点名、程度词、情感词以及动作特征、时间特征加上合适表情特征表示成序列化的学习行为数据，序列化的学习行为数据将被看作一个特征向量，具备了一定的结构和组织，有助于网络更好地捕捉不同特征之间的关系。最后，序列号数据输入 ALBERT 网络中，通过 ALBERT 网络的处理，各种特征将被映射到一个高维的语义空间，从而为后续的情感分类和教学效果评价提供更准确的特征表示。

（2）在 ALBERT 层利用多层双向 Transformer 编码器对序列化后的数据进行训练，得到动态特征表示。在使用 Transformer 编码器获取行为特征时，计算当前数据中每个特征与其他特征之间的相互关系，然后利用这些相互关系去调整每个特征的权重，从而获得数据中每个特征的新的表达。通过此方式训练出的行为特征表示充分利用了行为特征相互之间的关系，使得数据中同一个特征在不同环境中具有不同的特征向量表达，较好地区分了同一个特征在不同环境中的不同含义。

（3）首先，将行为特征表示输入 CNN 层中，对行为特征进行训练，通过对特征进行卷积操作，能够提取出不同尺度和层次的特征信息，增强了数据的抽象表示。其次，通过池化层进行降维，减少特征维度，提取出最显著的特征信息，分别得到三个特征向量，这些向量包含了不同层次和角度的信息，提供了丰富的特征表示。为了确保这些池化后的特征向量能够相互叠加，以形成一个综合的向量，采用了全填充的方式，以保证池化后的特征向量在维度上保持一致，从而使得它们可以在维度上相互叠加，不会出现维度不匹配的问题。最后，将这三个特征向量进行叠加操作，得到一个综合的向量表示。

（4）将卷积神经网络（CNN）层的输出作为输入传递给双向长短时记忆网络（BiLSTM）层进行训练，获得对文本情感、行为动作和行为时间的深层次语义特征表达。通过这一步骤，能够捕捉到不同特征之间的复杂关系和交互，从而更好地理解学生行为的多方面信息。

（5）将文本情感、行为动作和行为时间三类特征进行拼接融合。如第 3 章所示，这种融合方式有助于强化行为特征分类任务的语义表达，将不同特征进行拼接，可以将各自的信息有机地融合在一起，形成一个更为综合和准确的特征表示，更好地捕捉学生行为在情感、动作和时间等方面的综合特点，为后续的分类和分析提供更有力的依据。

（6）引入条件随机场（CRF）模型，以训练全连接层并输出课程和教学知识点实体标签。CRF 是一种序列标注模型，可以有效地捕捉序列数据之间的关系。通过使用 CRF，可以考虑标签之间的依赖关系，从而更好地进行标签的分类和预测。在标注学生行为的课程和知识点实体时，模型可以更准确地理解实体之间的联系和上下文信息。

（7）通过 Softmax 函数对全连接层的输出结果进行归一化处理，得到行为数据的概率分布矩阵。在这个矩阵中，每一行对应不同的行为类别，每一列表示不同的情感极性。通过按行取最大值的索引，能够确定学生行为在学习课程和教学知识点时的情感极性，使得我们能够从模型输出中获取学生对于不同学习内容的情感体验，进一步为教育者提供有关教学效果的洞察和反馈。

通过上述步骤，利用多特征融合、CRF 模型和 Softmax 函数的组合，实现了对学生行为在学习课程和教学知识点时的情感极性进行分析，综合考虑了文本情感、行为动作和行为时间等多个方面的信息，从而更全面地理解学生的行为语义特征。

6.3.3　基于 DLSS-OLB 的多模态特征提取与融合

在实现文本情感、行为动作、行为时间三类行为特征的提取后，需要将所提取的特征进一步拼接融合，使得学生行为更好反映出课程或知识点语义特征，从而利用其表现出来的语义特征来强化模型训练，使模型输出特征向量能够尽可能地表达出更多的语义信息，进而提升课程或知识点实体提取和情感极性分类效果。

在传统深度学习模型中，所有特征通常被赋予相同的权重进行训练，导致难以准确捕捉不同特征对于分类任务的贡献。为了解决这一问题，研究者开始采用各种特征融合方法，以提高模型的准确性。其中，注意力机制成为一种重要的技术，通过赋予模型不同部分不同的权重，从而能够从复杂的输入数据中提取出更加关键和重要的信息，从而优化模型的性能，做出更准确的预测。

注意力机制的核心思想是，不同的特征对于不同任务的贡献度是不一样的，通过引入注意力机制，模型能够自动地学习并分配不同特征的权重，使其能够专注于更有区分度的特征，这种机制使得模型能够更好地理解数据的内在关系，从而提高了分类和预测的精确性。注意力机制的运用也可以解决输入数据中的噪声和冗余问题，模型可以自动关注对于特定任务更有意义的部分，而忽略那些不相关的信息，有助于提高模型的鲁棒性，更好地应对复杂的现实数据。如表 6-4 所示，很多研究者和团队均应用了注意力机制，在各种应用领域都取得了广泛的成功，为深度学习的发展带来了新的突破。通过将注意力机制在深度学习中应用，特别是在特征融合方面进行应用，为模型的性能提升带来了显著的贡献，克服了传统模型无法突出重要特征的缺点，通过赋予不同部分不同的权重，模型能够从数据中抽取出更有信息量的特征，从而使得模型在分类、预测等任务中取得更高的准确性。

表6-4 基于特征融合的分析方法

研究者	时间/年	研究情况
Google Mind 团队	2014	首次提出 Attention 机制用于图像识别任务，聚焦于图像中较为重要的区域，能够充分提取图像中的关键特征，有效提高图像识别的准确率
Bahdanau 等①	2016	将注意力机制应用于自然语言处理领域的机器翻译任务，该方法较传统神经网络模型在翻译准确率上有较大提高
Google	2017	提出一种自注意力机制用于机器翻译，取得了比普通神经网络模型更好的效果
赵勤鲁等②	2018	基于 LSTM-Attention 模型的文本分类方法，使用分层注意力来分别选择重要的词语和句子，依据较为关键的词语和句子进行分类，提高了模型的鲁棒性
Zhou 等③	2020	提出基于 Attention 的 BiLSTM 神经网络模型，从句子的两个方向学习语义特征，对短文本进行情感分析
Zhu 等④	2021	提出 BiGRU-Att-HCNN 模型，将 BiGRU 和 HCNN 模型获得的语义信息和特征信息结合，注意力进行融合

综上所示，以往的情感分析的模型训练往往把单一特征词向量直接输入模型中却忽略文本蕴含的其他信息。复杂文本中存在多种特征，将这些特征进行多维融合可以更充分地获取各个特征之间的语义信息，弥补特征之间的差异，有助于模型学习到更深层次的语义信息，进一步挖掘文本中隐含的特

① Bahdanau D，Cho K，Bengio Y. Neural machine translation by jointly learning to align and translate［J］. Computer Science，2014，9：473.

② 赵勤鲁，蔡晓东，李波，等 . 基于 LSTM-Attention 神经网络的文本特征提取方法［J］. 现代电子技术，2018，41（8）：167-170.

③ ZHOU P，SHI W，TIAN J，et al. Attention-based bidirectional long short-term memory networks for relation classification［C］// Proceedings of the 54th annual meeting of the association for computational linguistics（volume 2：short papers）. Berlin：Association for Computational Linguistics，2016：207-212.

④ ZHU Q N，JIANG X F，YE R Z. Sentiment analysis of review text based on BiGRU-attention and hybrid CNN［J］. IEEE Access，2021，9：77-88.

征。在多维特征词向量表示方法中，首先对词向量进行多维特征表示，① 使得每个词的表示不再只有一个维度，而是包含了多个维度的特征信息，包含词义、情感极性、情感强度等多方面语义，丰富了词向量的表达能力。然后，进行多维特征注意力融合，将这些多维特征融合在一起，通过注意力机制实现根据每个特征的重要性来赋予不同的权重，充分考虑不同特征之间的关系，进一步提升模型对于文本中多维信息的理解能力。

前文已经提及，多维特征融合主要有两种方式：加权求和、特征拼接。两种融合方式具体如图 6-6 所示。

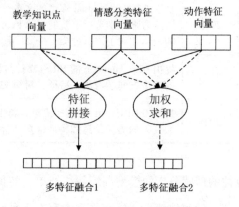

图 6-6　特征融合方式对比

从图 6-6 可以看出，两种特征融合方式都是可行的，但两种方式各有所长。对于加权求和的特征融合方式，其通过为每个向量分配权重，然后将它们加权求和，将各向量的关键信息融合在一起，这在一些场景下非常有用，特别是在需要降低维度和简化计算的情况下，通过合理选择权重，可以确保重要的信息被保留，同时减少计算的复杂性。然而，加权求和的方法可能在某些情况下导致一些关键的语义信息丧失，在权重的分配过程中可能忽视了

---

① 袁健，董光文. 多维特征融合的混合神经网络文本情感分析模型［J］. 小型微型计算机系，2023，44（10）：2137-2143.

某些细微但重要的特征，从而影响了整体融合后的表示。

而对于特征拼接，它将所有向量连接在一起，形成一个更大的向量，维度得到提升，同时保留了每个原始向量的语义信息，特别是对于涉及课程或知识点实体抽取的任务，特征拼接能够更好地捕捉整个语句的上下文和语义关系。通过保留每个向量的原始信息，特征拼接强调了全局的语义理解，因此在关系抽取等任务中，它有可能更为有效。然而，这种方法也可能导致高维度的问题，增加计算成本，并且在某些情况下可能过于注重细节而忽略整体。

综合考虑后，本研究就采用特征拼接的融合方式，而非所有特征加权求和，所以学习行为特征融合的向量表示如下：

$$T = TX \oplus TA \oplus TT, \quad K = KX \oplus KA \oplus KT \tag{6-1}$$

从上述可以看出特征向量 T 和 K 主要包括三种类型的向量：文本情感特征向量（TX、KX）、行为动作（TA、KA）和行为时间（TT、KT），能够正确反映出学生对课程或知识点的态度，能够表征出更多的语义信息。比如，某学生评价"语言智能模型讲得不错"，反映了该学生对知识点"语言智能模型"情感正面，即 $KX > 0$，假如他从来没有点击过"语言智能模型"知识点，即 $KA = 0$，或者点击过 2 次、学习时间为 0，即 $KA = 2$，$KT = 0$，那么学生行为与知识点相关度综合评价 $K = 0$，因而多特征融合能够表征出更多的语义信息。

6.3.4　教学知识点行为多模态语义分析

在学习行为语义分析中，涉及的动作、时间特征并不直接反映情感行为，例如，一个学生可能在特定时间段内持续学习，但仅从时间特征无法确定其学习过程中所体验的情感状态，如是否感到乐观、沮丧或兴奋。而大多数学习文本并不直接使用情感词汇来表达情感，而是更多地着重于传递事实信息，可能是因为在学习过程中，学生更注重知识的获取和理解，而情感往往在表达中处于次要地位。学习文本更多的是陈述学习过程和结果，因此需要对文本行为开展语义分析，根据每个教学知识点文本行为和学生学习动作，通过情感分析模型针对不同在线教学模式及其对应情感给出一个明确的结论。

本章在线学习研究领域常用情感类型使用第3章表3-1的多模态情感分类标签和第4章的多模态学习行为语义库，DLSS-OLB模型在进行学习行为语义分析时，需要从各种教学资源以及教学过程的文本数据中提取关键信息，与多模态学习行为语义库相关行为进行匹配，以便更好地理解和分析教学情境，同时，获取的行为情感语义信息在反馈和动态更新多模态学习行为语义库，以保证该语义库精确度。其核心任务是识别并提取出文本中的多个关键要素，包括行为主体名（教师、学生）、课程实体、教学知识点实体名、情感词、程度词和连词等，通过这些信息的获取，模型能够准确地分析学生在教学过程中对教师、课程内容以及教学知识点的情感和态度。

首先，模型需要识别文本中的行为主体名，即教师和学生，通过对文本进行语法和语义分析，模型能够确定文本中的不同角色，并进一步分析他们之间的互动关系，有助于揭示教学过程中的相互作用和信息传递。其次，课程实体和教学知识点实体名的提取对于理解教学内容至关重要。模型需要识别出文本中涉及的课程名称和教学知识点，以便后续的情感分析能够针对特定的教学主题展开。通过深入理解课程和知识点，模型能够更好地把握学生的情感倾向和态度。

情感词和程度词的提取有助于捕捉学生在文本中表达的情感色彩和情感强度。模型需要识别出正面、负面或中性情感，并了解情感的程度。这样一来，模型能够分析学生对教师、课程和知识点的态度和情感体验，从而洞察学生的学习体验。此外，连词的识别对于把握文本逻辑和结构非常重要。模型需要理解文本中不同部分之间的关系，以便准确地分析学生的观点和论述逻辑。

6.3.5　情感分类信息标注体系

为获取精细、多样的实体与情感信息，本研究基于 BISEO（B：Begin，实体开始字；I：Inner，实体内部字；E：End，实体结尾字；S：Singe，单字实体；O：Other，其他非实体字）标注方法设计情感分类信息标注，如表6-5，该体系结合了学生学习中情感表达的类型、情感特征。

表6-5　情感分类教学实体相关信息标注体系

类别	标准	含义	示例	类别	标准	含义	示例
行为主体	B-PN	教师/学生实体词首	周｜B-PN	程度词	B-CW	程度词词首	深｜B-CW
	I-PN	教师/学生实体词中	老｜I-PN		I-CW	程度词词中	入｜I-CW 浅｜I-CW
	E-PN	教师/学生实体词尾	师｜E-PN		E-CW	程度词词尾	出｜E-CW
	S-PN	教师/学生实体单字	他｜S-PN		S-CW	程度词单字	较｜S-CW
课程实体	B-TN	课程实体词首	这｜B-TN	情感词	B-EW	情感词词首	感｜B-EW
	I-TN	课程实体词中	门｜I-TN 课｜I-TN		I-EW	情感词词中	兴｜I-EW
	E-TN	课程实体词尾	程｜E-TN		E-EW	情感词词尾	趣｜E-EW
	S-TN	课程实体单字	课｜S-TN		S-EW	情感词单字	好｜S-EW
教学知识点实体	B-KN	教学知识点实体词首	这｜B-KN	连词	B-AW	连词词首	或｜B-AW
	I-KN	教学知识点实体词中	个｜I-K 概｜I-KN		E-AW	连词词尾	者｜E-AW
	E-KN	教学知识点实体词尾	念｜E-KN		S-AW	连词单字	和｜S-AW
	S-KN	教学知识点实体单字	它｜S-KN	其他	O		

6.3.6　学习行为文本实体标志

教学行为是指在教学过程中，教师和学生之间进行的一系列有目的的教与学活动。这些活动通常呈现出一定的主体性、关联性和可变性，旨在促进知识传递、理解和应用。从不同的角度来看，教学行为可以分为教师的教学行为和学生的学习行为，同时也可以从师生交互的角度来划分为教师主导和学生主导两类行为。课堂教学行为的多样性体现在不同的参与主体和交互方式上，教师的教学行为涉及教材讲解、知识传递、问题提问、引导讨论等，是课堂教学的核心；学生的学习行为包括听课、笔记、提问、参与讨论等，是知识吸收和理解的关键环节。这两类行为相互配合，构成了一个完整的教学过程。在师生交互方面，课堂教学行为可分为教师主导和学生主导两大类，教师主导的教学行为是在教师的引导下进行的，教师负责主动传递知识、引导讨论和解答问题，学生主导的教学行为则是学生在教师的指导下，根据自己的兴趣和需求，积极参与课堂活动，表现出更高的自主性和创造性。此外，不同的课堂教学行为之间也存在着一定的关联性。某种教学行为的出现往往会伴随着其他行为的发生。例如，教师提问会引导学生思考并参与讨论，学生的提问也可能触发教师的知识讲解，这种关联性使得课堂教学变得更加丰富和多样化。

因此，学习行为分析中需要识别的实体有教师行为主体、学生行为主体、课程实体、教学知识点实体名、情感词、程度词和连词七类学习行为关键词。我们首先通过 ALBERT 模型预处理生成基于上下文信息的词向量，其次将训练出来的词向量输入 BiLSTM-CRF 模型做进一步训练处理捕捉文本中存在的长距离上下文信息和增加约束条件，以便识别学习行为关键词，获取学习行为文本实体标志。其中，BiLSTM 和 CRF 模型的运行原理见第 2 章相关内容。

CRF 层在建模序列数据时具有强大的能力，能够捕捉上下文信息和标签之间的复杂关系，从而在诸如命名实体识别、语义角色标注等任务中表现出色。CRF 是基于概率的条件随机场，它对给定输入序列条件下输出序列的标签分布进行建模。CRF 能够充分利用序列中的上下文信息，提高序列标注任务的准确性。

在学习行为关键词识别和课程与教学知识点实体识别过程中，需要捕获更多的依赖关系，例如"I-PN"标签不能跟随"B-KN"，"I-KN"标签不能跟随"B-TN"等，要避免这种情况出现，需要增加约束条件，CRF 的主要作用是增加条件完成学习行为关键词的识别，在学习行为文本实体关键词识别中，CRF 的输入是从 BiLSTM 层学到的上下文特征向量。对于输入文本句子 $x = (x_1, x_2, \cdots, x_n)$，设 $P_{i,j}$ 表示句子中第 i 个汉字的第 j 个标签的概率得分。对于一个预测序列 $y = \{y_1, y_2, \cdots, y_n\}$，CRF 得分可以定义为

$$f(x, y) = \sum n + 1_{i=0} M_{y_i, y_{i+1}} + \sum_{i=1}^{n} P_{i, y_i} \tag{6-2}$$

公式（6-2）中，M 被叫作转移矩阵，$M_{i,j}$ 代表从标签 i 至 j 的转换分数。y_0 和 y_{n+1} 分别表示开始和结束标记。

在 DLSS-OLB 方法中，课程与教学知识点实体识别后，需要进行情感极性分类，情感极性分类是在 CRF 层后添加全连接层（FC-layer）连接前面的隐藏层，分析并得到输出结果，输出的矩阵向量通过全连接的方式，连接 Softmax 层，调用 Softmax 函数得到每个种类的判别概率的分布结果获取课程与教学知识点的情感极性分类，Softmax 函数计算过程如下所示：

$$P(y \mid x) = \frac{e^{f(x, y)}}{\sum_{\tilde{y} \in Y_x} e^{f(x, \tilde{y})}} \tag{6-3}$$

训练过程中，最大化正确标签序列的对数概率：

$$\log(P(y \mid x)) = f(x, y) - \log \sum_{\tilde{y} \in Y_x} e^{f(x, \tilde{y})} \tag{6-4}$$

解码阶段中，我们提前推测输出序列得到的分类最大概率分数：

$$y^* = \underset{y \in Y,}{\mathrm{argmax}} f(x, \tilde{y}) \tag{6-5}$$

6.4 在线课程教学效果满意度评价

为了克服多主体主观评价的缺陷，DLSS-OLB 方法采用可通过获取在线学生学习行为情感分析结果计算学生对课程以及课程中各教学知识点的满意度，一般来说教学效果好的课程，学生对课程各知识点满意度高，基于此通过统计满意度的概率分布构建教学效果评价模型开展教学效果评价。

6.4.1 DLSS-OLB 教学效果满意度评价方法设计

DLSS-OLB 方法教学效果满意度评价思路是结合学生在线行为情感极性，计算学生对课程的满意度（满意、比较满意、中性、负面），统计课程各知识点的满意度概率分布，构建在线课程教学效果评价模型并开展教学评价，评价等级为优秀、良好、合格、不合格。假设在线课程学生人数为 S，教学知识点集合为 M，统计某个教学知识点 M_i 的所有学生学习行为情感极性指标的次数 $N_{i,p}$，$p = 1, 2, 3, 4$，分别对应情感极性满意、比较满意、中性和负面情感极性。

根据学习行为情感分析结果统计情况构建在线学习课程满意度计算公式 TEMOL，计算方法是首先计算教学知识点 M_i 的某个学习行为情感极性指标次数 $N_{i,p}$ 与该知识点的最大行为指标的比值 $R_{i,p}$，然后再针对 $R_{i,p}$ 计算其学习行为的 Softmax 分类概率分布，如公式（6-6）所示：

$$P_i = \frac{e^{R_i}}{\sum_{p=1}^{4} e^{R_p}} \qquad (6-6)$$

其中，$R_{i,p} = \dfrac{N_{i,p}}{N_{i,k}}$，$N_{i,k} = \{\max(N_{i,p}, \ p = 1, \ 2, \ 3, \ 4)\}$。

则教学知识点 M_i 学习评价模型可以定义为 $\text{TEMOL}(M_i, \ R)$，具体评价得分规则如下：

$$\text{TEMOL}(M_i, \ R) = 3 - k, \ P_k = \max(P_p, \ p = 1, \ 2, \ 3, \ 4) \qquad (6-7)$$

其中，$\text{TEMOL}(M_i, \ R) = 2$ 表示学生对教学知识点 M_i 非常满意，1 表示比较满意，0 表示中性，而 -1 表示负面。

在线课程学习评价模型 $\text{TEMOL}(K)$ 分两部分，一部分是通过学生行为情感极性智能分析参照公式（6-6）和（6-7）计算得到 $\text{TEMOL}(K, \ R)$，另一部分通过学生对教学知识点 M_i 的情感极性 $\text{TEMOL}(M_i, \ R)$ 统计获取，两部分再加权平均，计算公式如下：

$$\text{TEMOL}(K) = \frac{\text{TEMOL}(K, \ R) + \dfrac{1}{M}\sum_{i=1}^{M}\text{TEMOL}(M_i, \ R)}{2} \qquad (6-8)$$

表6-6 多主体教学评价指标

一级指标	权重	二级指标	指标内容	比重
课程导学	0.20	课程简介	在线课程介绍，包括课程发展历程、性质、教学目的等	0.20
		课程要求	提供课程各章节知识点内容、授课形式和考核方式等	0.20
		课程安排	提供授课时间计划，如各章节授课周次、时间节点等	0.30
		教师队伍	对主讲教师、辅导教师等成员介绍，如成果、特色等	0.20

续表

一级指标	权重	二级指标	指标内容	比重
课程资源	0.25	教学知识点	在线章节教学知识点内容组织，线下有完整的教案等	0.20
		教学资源	在线、线下资源齐全、多样，覆盖课程主要知识点等	0.40
		实例与演示	设置情境教学、实操演练、案例分析等教学视频	0.20
		拓展资源	提高学生的素质相关拓展资源，如在线课程前沿问题等	0.20
教学过程	0.25	讨论与交互	师生互动反馈、直播课教学等	0.70
		作业要求	为每个教学知识点添加相关在线作业（包括思考题等）	0.30
课程考核	0.15	过程考核	为每个章节（学习单元）、重要知识点开展在线测试	0.40
		实践考核	安排一定量的实践考核环节	0.20
		期末考核	明确考核时间的节点、形式和范围，突出重点知识	0.40
教学平台	0.15	网络流畅度	网络学习平台使用流畅、视频播放清晰流畅	0.30
		平台应用性	教学平台界面友好，使用操作便捷易用	0.40
		平台记录	教学平台教学过程记录全面、统计方便	0.30

教学效果评价结论：>0.85：优秀；0.75~0.85：良好；0.6~0.75：合格；<0.6：不合格

权重 $W = \{$学生，教师，专家，企业，同行$\} = \{0.15, 0.15, 0.25, 0.25, 0.20\}$

进行映射和量化处理：2：优秀，1：良好，0：合格，−1：不合格

其中，TEMOL(K, R) 参照公式（6-6）和（6-7）计算，TEMOL(K) = 2 表示学生对在线课程 K 非常满意，1 表示比较满意，0 表示中性，而 −1 表示负面。

6.4.2 DLSS-OLB 教学效果实证分析

为开展 DLSS-OLB 方法的教学效果实证，使用《计算机网络》和《公共行政学》两门课程进行学生行为分析，使用多主体的评价方法和 DLSS-OLB 评价方法进行对比分析。多主体评价方法属于传统方法，即邀请学生、教师、专家、企业和同行等多个主体根据一系列评价指标进行主观打分加权评分决定，如表 6-6 所示。使用多主体评价方法的评价情况见表 6-7，总计有 3200 名学生、15 名专家、10 名企业业务骨干和 23 名同行教师参与评价。

表 6-7 多主体评价方法

《计算机网络》课程效果评价情况（单位：人）			
评价主体 / 评价意见	非常满意	比较满意	中性	负面
学生	52	321	160	177
教师	0	1	0	0
专家	3	6	3	3
企业	1	4	4	1
同行	4	10	7	2

通过表 7 量化计算为：1
教学效果评价结果：良好

《公共行政学》课程效果评价情况（单位：人）			
评价主体 / 评价意见	非常满意	比较满意	中性	负面
学生	310	937	920	323
教师	0	1	0	0
专家	2	5	4	4
企业	1	3	4	2
同行	4	8	7	4

通过表 7 量化计算为：0
教学效果评价结果：合格

使用 DLSS-OLB 评价方法时将两门课程在学生学习过程提取课程评价涉及学生行为数据总数为 18001 个，其中《计算机网络》课程为 4721 个，同时对两门课程进行知识点教学情感极性分析，得到教学知识点数为 418 个，其中《计算机网络》课程 165 个教学知识点，教学效果评价如表 6-8 所示，从表 6-7 和表 6-8 分析可知 DLSS-OLB 评价方法与多主体评价方法对这两门课评价结果是完全一致的。

表 6-8 DLSS-OLB 评价方法

课程效果评价（行为数，单位：人）				
评价意见＼课程名称	非常满意	比较满意	中性	负面
计算机网络	451	1970	1070	1230
公共行政学	1650	4899	4730	2001
教学知识点效果评价（知识数，单位：人）				
评价意见＼课程名称	非常满意	比较满意	中性	负面
计算机网络	310	937	920	323
公共行政学	38	74	86	55
通过公式 6-7 可以量化得出：《计算机网络》为：1，教学效果评价结果：良好；《公共行政学》为：1，教学效果评价结果：良好 通过公式 6-8 可以量化得出：《计算机网络》为：1，教学效果评价结果：良好；《公共行政学》为：0，教学效果评价结果：合格				

针对实证，选取某教学平台 50 门在线课程使用 DLSS-OLB 评价方法进行学生学习行为智能分析，同时邀请授课教师、学生、专家、企业和同行对

在线课程采用多主体主观评价指标和 DLSS-OLB 评价方法进行对比评估分析，对 50 门在线课程分别选取 10、20、30、40、50 门课程对教学效果评价对比分析，统计结果如图 6-7 所示，结果显示两种方法在课程效果正面方面（教学效果非常满意与比较满意累计）表现高度一致。

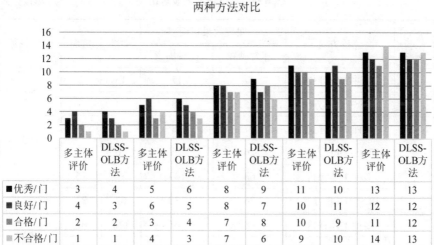

图 6-7 DLSS-OLB 评价方法与多主体评价方法对比

针对《公共行政学》课程中，对 2490 名学生分别选取 50、100、300、600、1000、1500、2000、2490 个学生评价对比分析，统计结果如表 6-9 所示和图 6-8 所示，从表 6-9 可以看出两种方法在课程效果正面方面（课堂效果非常满意与课堂比较满意累计）表现高度一致。

表 6-9　实证效果列表对比　　　　　　　　　　单位：人

实验序号	评价方法	课程效果正面		中性	负面	学生总数
		非常满意	比较满意			
1	多种主体评价	17	17	13	3	50
	DLSS-OLB 方法	15	18	14	3	
2	多种主体评价	27	48	18	7	100
	DLSS-OLB 方法	26	46	20	8	
3	多种主体评价	68	149	57	26	300
	DLSS-OLB 方法	76	130	67	27	
4	多种主体评价	98	265	170	67	600
	DLSS-OLB 方法	105	245	185	65	
5	多种主体评价	117	424	340	119	1000
	DLSS-OLB 方法	128	415	340	117	
6	多种主体评价	137	628	553	182	1500
	DLSS-OLB 方法	143	619	558	180	
7	多种主体评价	181	820	750	249	2000
	DLSS-OLB 方法	187	815	752	246	
8	多种主体评价	305	941	922	322	2490
	DLSS-OLB 方法	310	937	920	323	

两种方法对比

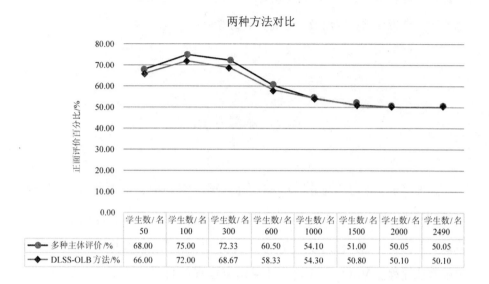

	学生数/名 50	学生数/名 100	学生数/名 300	学生数/名 600	学生数/名 1000	学生数/名 1500	学生数/名 2000	学生数/名 2490
多种主体评价/%	68.00	75.00	72.33	60.50	54.10	51.00	50.05	50.05
DLSS-OLB方法/%	66.00	72.00	68.67	58.33	54.30	50.80	50.10	50.10

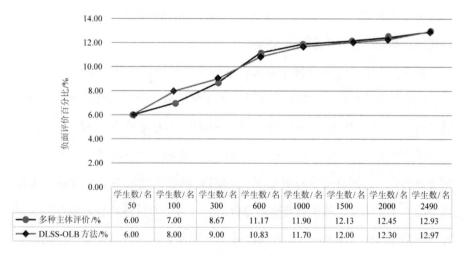

	学生数/名 50	学生数/名 100	学生数/名 300	学生数/名 600	学生数/名 1000	学生数/名 1500	学生数/名 2000	学生数/名 2490
多种主体评价/%	6.00	7.00	8.67	11.17	11.90	12.13	12.45	12.93
DLSS-OLB方法/%	6.00	8.00	9.00	10.83	11.70	12.00	12.30	12.97

图6-8 两种方法评价对比

综上所述，DLSS-OLB方法对教学满意度评价与多主体评价方法相比，评价表现效果高度一致，但是多主体评价方法采用手工打分统计存在主观性较强，人为影响因素较多，统计数据多，手工操作工作量大，且具有较大的狭隘性与局限性，而 DLSS-OLB 方法由于是采用智能化模型全自动进行，不需要手工分析数据，因而效率更高，更为客观。

6.5　本章小结

在面对现有学习行为分析方法存在的局限和缺点时，本章提出了一种创新性的解决方案，即基于深度学习的 DLSS-OLB 方法，旨在有效地执行学生在线行为文本情感分析任务，为教育领域中的智慧课堂、在线学习和大规模开放在线课程（MOOC）等教学效果满意度评价提供有力的工具。DLSS-OLB 方法的关键特点在于将 ALBERT 和 BiLSTM 两种深度学习模型相结合，以获得更高的情感分析准确度和效率。

在过去，学生行为分析主要依赖于传统的统计方法和浅层机器学习模型，但这些方法存在着一定的局限性，无法很好地捕捉文本数据中的复杂情感和语义信息。基于这一背景，DLSS-OLB 方法的提出具有重要意义，ALBERT 模型作为一种轻量级的预训练模型，能够在处理海量文本数据时获得更好的效果，同时减少计算成本，BiLSTM 模型则能够有效地捕获文本序列中的上下文信息，从而更准确地分析学生行为中的情感特征，通过将这两种模型结合起来，DLSS-OLB 方法能够充分发挥它们各自的优势，提高情感分析的精度和综合效果。本章通过实证研究证明，DLSS-OLB 方法在学生在线行为文本情感分析任务上表现出色，能够捕捉到学生在在线学习过程中的情感倾向和态度，为教师或教育机构提供宝贵的反馈信息，对开放课堂和在线教育的优化具有重要意义。DLSS-OLB 方法不仅能够帮助教育者更好地了解学生的在线学习情况，还能够及时发现学习过程中存在的问题和困难，从而采取相应的措施进行干预和支持。

　　在本章中，主要关注了基于在线学习行为的语义情感分析。然而，在现实教育环境中，学生的行为不仅仅局限于在线学习，还涉及线下学习行为。为了更全面地理解学生的情感状态和行为特征，结合第5章专注基于深度学习的线下学习行为分析方法，将这两种方法之间形成互补和支撑，如果能够将基于线下和基于在线的学生学习行为语义信息进行综合分析，必将产生更为显著的情感效果，通过融合不同模态的信息，可以更准确地揭示学生的情感状态和行为动机，为教育决策提供更多有价值的信息。因此，今后将致力于探索基于多模态融合的学生行为语义分析方法，综合考虑基于在线和线下的学生行为信息，从而更全面地洞察学生的行为语义。

第 7 章

总结与展望

学习行为语义分析是通过语言智能技术手段对学习行为所包含的语义信息进行分析和理解。语言智能场景下的开放课堂作为当前前沿的教学模式，为学习行为多模态语义分析提供了有力的环境支持，可以有效掌握学生的学习状态和情感，为教师改善教学方式方法、提高教学效率提供了有力参考，是当前的研究热点，也是未来教育形态的发展方向。

本研究选取适当的学习行为进行特征提取和融合，构建相应框架流程；基于语言智能技术，充分考虑情感的多样性和情感在不同语境下的变化，设计了一种多模态情感语义库智能建设 MCMESD 方法；对于线下学习行为，设计 LBROV 方法，通过采用 SSH 算法、FaceNet 算法、CNN 识别方法、LSTM 与 CNN 相融合的方法等，将学生线下学习行为转化为学习行为语义；针对在线学习行为的多模态语义分析，设计 DLSS-OLB 方法，通过获取学生学习动作、教学互动文本信息，对学生的在线学习过程数据开展智能分析，并建立教学效果评价模型，以实现对教学效果的评价。本研究的方法均基于某开放大学学习平台进行了验证或是进行了相关实证，取得了比较好的效果。

7.1 研究结论

本研究按照"提出问题—分析问题—解决问题"的思路，以回答"如何开展开放课堂学习行为语义"这一问题为起点，以语言智能场景下学生线下、在线学习过程中的学习行为特征为研究内容，采用混合研究的"问题导向型"路线，以基于深度学习的特征融合作为理论基础，运用行动调节和情境学习等理论，根据开放课堂学生行为语义特点，构建了语言智能场景下开放课堂学习行为语义特征理论分析框架，并根据该框架开发了相应的模型；通过构建智能多模态情感语义库作为基础，从线下和在线两个维度分别设计 LBROV 方法和 DLSS-OLB 方法，得到了学生线下学习行为语义和在线学习行为语义，并通过实证研究证明了相关方法准确率较高、应用性较强。本研究获得了一些新的发现，现做出如下总结。

1. 提出了一种面向语言智能场景的开放课堂学生行为语义特征提取和融合框架设计方法

本研究基于语言智能教育场景下的开放课堂，为充分体现学生学习情感要素，通过不同维度的数据搜集与分析，以及进一步的特征修订与验证，明确将开放课堂分为在线、线下两个阶段，通过选取语音、表情、动作、文本这些能够充分体现学习行为语义的数据开展特征提取与分析。

本研究认为语音、表情、动作、文本这些数据源能够充分体现学习行为语义，学习行为多模态数据主要包含文本、语音、视频三种模态数据。基于语言智能场景下的开放课堂，学习行为多模态数据的获取主要有两种途径：一是通过智能教室的音视频感知模块智能采集包含语音、表情、动作等特征的音视频教学数据；二是通过在线教学平台后台数据库智能收集包含语音、文本等特征的音频和文本数据。

本研究提出一种语言智能场景下的学习行为特征提取和融合 LBFEFM 方法，通过语言智能工具进行特征提取，获得音频文本特征、视频文本特征、文本特征等特征表达形式，并选取特征拼接和加权求和等特征融合方式，获取充分反映学习行为语义的特征表达，从而利用其所表现出来的语义特征来强化模型训练，使模型输出的特征向量能够尽可能地表达出更多的语义信息。

2. 提出了一种语言智能场景下的学习行为多模态情感语义库建设方法

语义库建设是分析识别语义的基础和关键。为破解当前多模态语义库建设所面临的数据获取的困难、模型训练的复杂性、多模态数据的整合难等一系列挑战和问题，本研究基于语言智能技术，建立了一种全新的情感语义标注体系，该体系不仅考虑了情感的多样性，还充分考虑了情感在不同语境下的变化。通过这个标注体系，能够更准确地捕捉到文本中的情感信息，从而为多模态情感语义库的建设提供更为精准的数据支持。

本研究同时设计了一种多模态情感语义库智能建设 MCMESD 方法，该方法的工作流程的每个阶段都精心策划、反复优化，有效确保整个建设过程的高效性和准确性：数据采集阶段，基于某开放课堂教育系统和在线教学平台后台数据库，智能收集学习行为数据，确保了数据不仅情感信息类型多样，而且符合多模态学生学习行为情感语义库智能构建对数据的要求；预处理阶段，去除无关的信息、纠正错误的信息、填补缺失的信息等步骤，以确保数据的质量和准确性；模型训练阶段，采用先进语言智能技术，构建一个高效准确的情感识别模型，通过对大量样本数据的训练，模型逐渐学习到了情感语义的特征和模式，并能够准确地对新的情感数据进行分类和智能标注；模型优化阶段，通过调整模型参数、增加训练数据量以及人工校准的方式，不断优化模型的准确性和泛化能力，经过反复迭代优化，确保智能标注体系在实际应用中能够更加稳定和可靠。最后，通过对本方法进行对比实验分析，以验证智能标注的效果。通过对不同方法进行比较，本方法的智能标注体系在提高情感识别准确率、降低错误率等方面表现出色，证明了其在多模态情感语义库建设中的重要作用。

3. 提出了一种基于深度学习的线下学习行为语义分析方法

学生线下课堂学习行为可以通过视频捕捉，相关行为语义可以通过音视频中的学生学习表情、语音声调和行为动作等来识别和分析。为了对学生的学习行为语义进行快速检测和识别，本研究设计一种基于深度学习的线下学习行为语义分析 LBROV 方法，首先采用 SSH 算法与 FaceNet 算法相结合的方法实现对学生人脸检测和身份识别，其次采用 CNN 方法实现人脸表情识别，采用 3D ConvNet 方法实现学生身体姿态识别，采用 LSTM 与 CNN 相融合的方法实现学生语音的识别，最终较好地实现学生线下学习行为语义的识别。本方法通过对比实验和实证分析，得出 LBROV 的识别准确率高达 89%，说明 LBROV 的识别效果良好。

为开展学生学习行为的智能分析，本研究基于 LBROV 提出了基于学生学习行为分析的教学效果满意度评价 SETEM 方法，设计相应教学效果分析指标，并实证使用 25 堂国际汉语教育的实时课堂总结 1125 分钟的视频动作进行分析，同时邀请授课教师、学生、同行和领导对课堂采用多种主体主观评价指标和 LBROV 方法进行对比评估分析，对 25 堂课程分别选取 5、10、15、20、25 堂课程对比分析，结果证明 SETEM 方法与多种主体评价方法表现效果高度一致，但效率更高。

4. 提出了一种语言智能场景下的在线学习行为多模态语义分析方法

面对现有学生行为分析方法存在的局限和缺点，本研究提出了基于深度学习的多模态学习行为语义分析 DLSS-OLB 方法，将 ALBERT 和 BiLSTM 两种深度学习模型相结合，充分发挥它们各自的优势，ALBERT 模型提供丰富的语义信息，BiLSTM 模型捕捉到情感词和上下文之间的关联性，两者结合起来能够获得更准确和全面的情感分析结果，确保 DLSS-OLB 方法获得了更高的情感分析准确度和效率。

为验证 DLSS-OLB 方法的教学效果实证，使用《计算机网络》和《公共行政学》两门课程进行学生行为分析，使用多主体的评价方法和 DLSS-OLB 评价方法进行对比分析。实证结果证明，DLSS-OLB 方法在学生在线行为文本情感分析任务上表现出色，不仅在评价效果方面与传统方法基本一致，而且因为不需要手工分析数据，效率更高、更为客观。

本研究的创新点和特色如下：

1. 深化语言智能理论，丰富语义分析内涵

本研究通过探索学习行为语义智能分析，深化了语言智能理论，探索了语言智能技术在学生学习行为分析领域中的应用，丰富行为语义分析的内涵。本研究围绕语言智能场景下开放课堂学习行为语义的分析框架、特征融合等相关问题进行了分析和探讨，进一步补充、丰富了开放课堂领域针对学生行为语义的相关研究，强调了课堂教学质量提升的关键问题——如何掌握学习行为语义并以适合学生的方式展开教学，在一定程度上有利于提高其他研究者对开放课堂教育的学生行为语义及语义特征相关问题的关注和重视，并为后续研究奠定了一定的基础。本研究对学生学习行为进行细化分类，有重点、有针对性地开展分析研究，提出的语义分析模型，将为学生学习行为综合评价、学习状态测评提供新方法，也将为语言智能理论在教育领域的应用研究提供一种新思路。

2. 探索建立智能标注体系，构建学习行为多模态情感语义库

本研究为破解当前多模态语义库建设所面临的数据获取的困难、模型训练的复杂性、多模态数据的整合难等一系列挑战和问题，基于语言智能技

术，建立了一种全新的情感语义标注体系，该体系不仅考虑了情感的多样性，还充分考虑了情感在不同语境下的变化。通过这个标注体系，本研究实现了更为准确捕捉到文本中的情感信息，首次构建了服务于学习行为语义分析领域的多模态情感实验语义库。

3. 围绕开放课堂在线线下行为，构建多模态语义分析智能模型

本研究所构建的 LBROV、DLSS-OLB 模型方法能够捕捉到学生在线下和在线学习过程中的情感倾向和态度，为教师和教育机构提供宝贵的反馈信息，不仅能够帮助教育者更好地了解学生的学习情况，还能够及时发现学习过程中存在的问题和困难，从而采取相应的措施进行干预和支持。

受时间、现实条件与能力的限制，以及开放课堂学习行为语义的复杂性和学生行为语义特征内容的丰富性，本研究仍有诸多不足之处有待完善，具有一定的局限性，主要体现在三方面：

1. 模型轻量化设计方面仍需要进一步加强

为实现学生学习行为语义的分析识别，本研究运用深度学习技术分别设计出 LBROV 方法、DLSS-OLB 方法等，但深度学习算法由于自身的复杂程度，对算力具有一定的要求，虽然本研究已经在 CNN、ALBERT 等模型算法的基础上进行了改进，但总体看仍旧比较复杂，运算量比较大，仍需进一步优化，设计出更加小型化、轻量化的算法模型，以符合快速语义计算需要，确保处理效率更高。

2. 模态选择方面仍有进一步优化的空间

学生学习行为是一种多模态的复杂行为，本研究主要基于语言智能环境下开放课堂线下、在线教学中最具代表性的视频、语音、图像、文本等模态进行语义分析和研究，取得了一定成效，但客观上也忽视了脑电等其他模态。学生多模态语义分析是复杂的，要综合考虑各种模态的影响，目前其他学者也开展了相关研究，具有一定参考价值，因此未来可能加入脑电等模态

来继续改进研究。此外，如果能够将基于线下和基于在线的学生学习行为语义信息进行综合分析，必将产生更为显著的情感效果。通过融合不同模态的信息，以更准确地揭示学生的情感状态和行为动机，为教育决策提供更多有价值的信息，必然是下一步的研究方向。

3. 特征融合方面仍可进一步探索先进方法

本研究使用了一些特征融合方法，实现了文本、音视频等各模态的特征联合。但是，本研究使用的融合方法也有自身的局限性，比如使用的决策级融合方法，其大多为每种模态设置了固定的权重，在极端情况下可能会影响最终的识别结果。此外，融合后虽然实现了较为准确高效的任务识别，但并不能保证办法的通用准确性。因此，有必要探索一种可以为每种模态动态分配权重的方法，以提高特征融合算法的整体鲁棒性。

7.2 展望

随着语言智能技术的不断发展，特别是在教育领域的深度运用，必将为教育转型带来新动力、新动能。语言智能与未来教育的融合发展，将重塑人类教育和学习形态，而学习行为语义分析及教学评测必然是其中的一个研究重点，虽然道阻且长，存在一些研究难点，但必然在研究实践中不断向前发展。为探索学习行为语义分析发展的合理路径，分别从如下方面进行展望：

1. 综合在线线下学习行为的语言智能环境构建研究

随着语言智能的发展，构建更加"完美"的语言智能环境可以进一步促进人机共生，实现人类与机器之间"取长补短"，充分发挥更深入、更高层次的交互、协作与共融，实现更高效的语义传递。随着智能化水平不断提升，语言智能逐渐作为一种技术中介参与教与学活动变革中，传统"师—生"之间的二元主体关系逐渐被打破，构筑起基于"师—生—机"的三元主体结构。一方面，语言智能对于师生主体具有赋能作用，如可以扮演虚拟专家、智能助教、数据分析助手等角色助力教师专业发展，也可以扮演智能导师、口语学伴、辩论对手等角色促进学生个性化成长。另一方面，师生主体要积极拥抱"机器"主体，首先应"学人工智能"，了解语言智能的基本原理和应用场景，提升技术应用能力，借助语言智能提升教学效果的同时，引导技术适应性发展，实现双向互构、深度融合。①

因此在下一阶段的研究中，探索构建语言智能环境是重要的工作，而基于本研究下一步应首先实现统合在线和线下的学生行为的识别和分析，实时捕捉在线线下多种模态的行为语义信息，从而更全面地洞察学生的情感、动机和态度，通过跨足不同的语义维度，获得更丰富的数据，更深入地了解学生的学习情况，这种语言智能环境必然具有广泛的应用前景，不仅可以在教育领域发挥作用，还可以为其他领域提供有益的参考和启示。

2. 语义资源供给的创新生成研究

从本研究创建的语义库智能生成方法可以看出，语义资源生产方式从人工创造转向智能生成是一种高效方法，是必然的发展趋势。当前我国语义资源开发总体存在着优质资源体量还不够大，资源类型还不够丰富，资源开发效率有待提高，资源质量难以完全得到保证等瓶颈。语言智能所表现出的快速智能生成能力，特别是基于语言与训练模型 GPT、大语言模型 LLM 以及生成式人工智能 AIGC 等技术的加持以及 ChatGPT、Sora 等应用智能工具的出现推动语言智能技术的发展，有望解决当前瓶颈问题，推进语义资源开发的批量化、海量化、高效化。当前，语义资源存在质量参差不齐、资源之间逻

---

① 刘邦奇，聂小林，王士进，等．生成式人工智能与未来教育形态重塑：技术框架、能力特征及应用趋势［J］．电化教育研究，2024，45（1）：13-20．

辑关系不明确、资源供给机制不完善等问题，为语义资源的利用带来了极大挑战。故此，充分利用语言智能技术，通过对语义资源的智能化聚合、重组和生成，构建具有较好结构框架和语义逻辑的语义资源，能充分适应未来研究和实践所需。

3. 教育领域的行为语义识别专用模型构建研究

本研究也可以看出，学生行为语义识别必须在算法优化方面下功夫，并充分考虑未来应用中便携式采集设备的发展情况，在采集学生图像、音频、脑电等特征的过程中，尽可能减少对学生学习的干扰，隐秘高效地获取更多不同模态的语义数据，同时设计识别率更高的算法，在增强算法鲁棒性的同时压缩模型体积大小，以实现更好的学习行为语义识别，是未来的发展难题，也是必须攻克的难关。

应用于教育领域的行为语义识别模型是语言智能赋能教育的必然选择。虽然通用的深度学习模型、大语言模型对于教育领域的变革与转型具有重要的价值，但模型在教育场景融合应用要求更高的知识准确度、更可控的意识形态与安全性和更适切的使用方式与内容生成。而现有大语言模型应用于教育领域，存在算法、数据上的偏误问题，教师和学生的学术判断与决策可能会受到干扰，同时也可能引发对话内容中对特定群体的偏见或歧视问题。因此，为了减少内容创作的偏差并提高教育领域知识生成的准确性、学科适当性以及意识形态的可控性和安全性，开发和应用高质量的、专为教育而设计的大模型是语言智能技术赋能教育发展的必然要求、必经之路。

参考文献

一、中文文献

（一）中文著作

［1］班杜拉. 思想和行动的社会基础［M］. 上海：华东师范大学出版社，2018.

［2］戈尔茨坦. 认知心理学［M］. 5版. 北京：中国轻工业出版社，2018.

［3］刘少杰. 社会学理性选择理论研究［M］. 北京：中国人民大学出版社，2012.

［4］刘哲雨. 深度学习的探索之路［M］. 天津：南开大学出版社，2018.

［5］马芳，王聿泼. 教育心理学［M］. 南京：南京大学出版社，2018.

［6］莫兰. 复杂性理论与教育问题［M］. 北京：北京大学出版社，2004.

［7］施特劳斯，潘戈，叶然. 古典政治理性主义的重生［M］. 北京：华夏出版社，2011.

［8］伊列雷斯. 我们如何学习［M］. 北京：教育科学出版社，2014.

［9］俞栋，邓力，俞凯，等. 人工智能［M］. 北京：电子工业出版社，2020.

[10] 赵毅衡. 广义叙述学 [M]. 成都：四川大学出版社，2013.

（二）期刊

[1] 阿斯平，查普曼，杜永新. 终身学习的哲学思考 [J]. 开放教育研究，2013，19（5）.

[2] 曹蓉，黄金柱，易绵竹. 信息检索：DARPA 人类语言技术研究的最终指向 [J]. 山东大学学报（理学版），2016，51（9）.

[3] 陈凯泉，张春雪，吴玥玥，等. 教育人工智能（EAI）中的多模态学习分析、适应性反馈及人机协同 [J]. 远程教育杂志，2019，37（5）.

[4] 程书肖. 教育评价中诸因素权重的确定 [J]. 教育理论与实践，1989（6）.

[5] 崔子越，皮家甜，陈勇，等. 结合改进 VGGNet 和 Focal Loss 的人脸表情识别 [J]. 计算机工程与应用，2021，57（19）.

[6] 单迎杰，傅钢善，王一冰，等. 基于反思文本的慕课学习情感体验特征分析 [J]. 电化教育研究，2021，42（4）.

[7] 邓益侬，罗健欣，金凤林. 基于深度学习的人体姿态估计方法综述 [J]. 计算机工程与应用，2019，55（19）.

[8] 方伟杰，张志航，王恒畅，等. 融合语音、脑电和人脸表情的多模态情绪识别 [J]. 计算机系统应用，2023，32（1）.

[9] 冯翔，邱龙辉，郭晓然. 基于 LSTM 模型的学生反馈文本学业情绪识别方法 [J]. 开放教育研究，2019，25（2）.

[10] 冯晓英，郑勤华，陈鹏宇. 学习分析视角下在线认知水平的评价模型研究 [J]. 远程教育杂志，2016，34（6）.

[11] 高利军，薛雷. 语音情感识别综述 [J]. 工业控制计算机，2022，35（10）.

[12] 郭哲，张晶. "互联网+"视域下开放式课堂教学改革的困境与破

局 [J]. 现代教育技术, 2021, 31 (8).

[13] 韩文静, 李海峰, 阮华斌, 等. 语音情感识别研究进展综述 [J]. 软件学报, 2014, 25 (1).

[14] 韩峰, 钱锦辉, 周星国, 等. 高校智能物业报修系统的设计与实现 [J]. 计算机产品与流通, 2020 (7).

[15] 郝一双. 大学生课堂参与行为分析 [J]. 高等工程教育研究, 2007 (6).

[16] 何芳州, 李鑫. 基于低秩稀疏与网络学习的遮挡人脸识别研究 [J]. 计算机仿真, 2020, 37 (10).

[17] 何克抗. 关于建构主义的教育思想与哲学基础: 对建构主义的再认识 [J]. 现代远程教育研究, 2004 (3).

[18] 何克抗. 建构主义: 革新传统教学的理论基础 [J]. 科学课, 2003 (12).

[19] 何湘智. 语音识别的研究与发展 [J]. 计算机与现代化, 2002 (3).

[20] 何秀玲, 杨凡, 陈增照, 等. 基于人体骨架和深度学习的学生课堂行为识别 [J]. 现代教育技术, 2020, 30 (11).

[21] 赫磊, 邵展鹏, 张剑华, 等. 基于深度学习的行为识别算法综述 [J]. 计算机科学, 2020, 47 (S1).

[22] 黄立鹤. 语料库4.0: 多模态语料库建设及其应用 [J]. 解放军外国语学院学报, 2015, 38 (3).

[23] 贾轶钧, 杨辉跃. 基于计算机视觉的课堂行为识别方法综述 [J]. 自动化与仪器仪表, 2022 (9).

[24] 姜芃旭, 傅洪亮, 陶华伟, 等. 一种基于卷积神经网络特征表征的语音情感识别方法 [J]. 电子器件, 2019, 42 (4).

[25] 蒋沁沂, 张译文, 谭思琪, 等. 基于残差网络的学生课堂行为识

别［J］. 现代计算机, 2019 (20).

　　［26］康红叶. ChatGPT 与中国少儿期刊未来创新发展［J］. 传媒论坛, 2023, 6 (6).

　　［27］李光裕. 评述现代认知心理学［J］. 云南教育学院学报, 1999 (4).

　　［28］李慧. 面向学习体验文本的学习者情感分析模型研究［J］. 远程教育杂志, 2021, 39 (1).

　　［29］李均. 论学习自由［J］. 高等教育研究, 2000 (3).

　　［30］李睿宇. 基于机器学习的软件缺陷预测方法研究［J］. 网络安全和信息化, 2024 (1).

　　［31］李小娟, 梁中锋, 赵楠. 在线学习行为对混合学习绩效的影响研究［J］. 现代教育技术, 2017, 27 (2).

　　［32］李小平, 郭江澜. 学习态度与学习行为的相关性研究［J］. 心理与行为研究, 2005 (4).

　　［33］李艳, 张慕华. 高校学生慕课和翻转课堂体验实证研究: 基于231条在线学习日志分析［J］. 现代远程教育研究, 2015 (5).

　　［34］李政涛. 教育学的生命之维［J］. 教育研究, 2004 (4).

　　［35］李舟军, 范宇, 吴贤杰. 面向自然语言处理的预训练技术研究综述［J］. 计算机科学, 2020, 47 (3).

　　［36］栗雨晴, 礼欣, 韩煦. 基于双语词典的微博多类情感分析方法［J］. 电子学报, 2016, 44 (9).

　　［37］梁晓波. 美国国防语言能力人工智能建设［J］. 上海师范大学学报 (哲学社会科学版), 2021, 50 (2).

　　［38］廖鹏, 刘宸铭, 苏航, 等. 基于深度学习的学生课堂异常行为检测与分析系统［J］. 电子世界, 2018 (8).

　　［39］刘邦奇, 聂小林, 王士进, 等. 生成式人工智能与未来教育形态

重塑：技术框架、能力特征及应用趋势［J］.电化教育研究，2024，45（1）.

［40］刘鲁川，孙凯.社会化媒体用户的情感体验与满意度关系：以微博为例［J］.中国图书馆学报，2015，41（1）.

［41］刘婷婷，朱文东，刘广一.基于深度学习的文本分类研究进展［J］.电力信息与通信技术，2018，16（3）.

［42］刘伟.人机融合智能的若干问题探讨［J］.人民论坛·学术前沿，2023，（14）.

［43］刘宣文.人本主义学习理论述评［J］.浙江师范大学学报，2002（1）.

［44］卢官明，袁亮，杨文娟，等.基于长短期记忆和卷积神经网络的语音情感识别［J］.南京邮电大学学报（自然科学版），2018，38（5）.

［45］卢国庆，谢魁，刘清堂，等.基于人工智能引擎自动标注的课堂教学行为分析［J］.开放教育研究，2021，27（6）.

［46］卢宇，余京蕾，陈鹏鹤，等.生成式人工智能的教育应用与展望：以 ChatGPT 系统为例［J］.中国远程教育，2023，43（4）.

［47］吕欢欢，马宏伟，王璐，等.文本幽默识别综述：从数据到方法［J］.小型微型计算机系统，2022，43（4）.

［48］罗帆，王厚峰.结合RNN和CNN层次化网络的中文文本情感分类［J］.北京大学学报（自然科学版），2018，54（3）.

［49］马婧.混合教学环境下大学生学习投入影响机制研究：教学行为的视角［J］.中国远程教育，2020（2）.

［50］梅英，谭冠政，刘振焘.面向智慧学习环境的学习者情感预测方法［J］.计算机辅助设计与图形学学报，2017，29（2）.

［51］欧志刚，刘玉屏，李若琳，等.国际中文课堂中的教师语音情感识别研究［J］.现代教育技术，2023，33（8）.

［52］潘梦竹，李千目，邱天.深度多模态表示学习的研究综述

[J]. 计算机工程与应用, 2023, 59 (2).

[53] 情感计算发展与应用研究 [J]. 软件和集成电路, 2023 (8).

[54] 邱真, 刘海丽. 高校食堂劳育平台智慧课堂建设方案探索 [J]. 中国现代教育装备, 2023 (5).

[55] 任欢, 王旭光. 注意力机制综述 [J]. 计算机应用, 2021, 41 (S1).

[56] 芮渝萍. 二十世纪外语教学理论的发展脉络 [J]. 宁波大学学报 (人文科学版), 1997 (1).

[57] 沈毅, 林荣凑, 吴江林, 等. 课堂观察框架与工具 [J]. 当代教育科学, 2007 (24).

[58] 师丹慧. 教育生态学视野下薄弱学校的变革: 现状与展望 [J]. 当代教育科学, 2020 (2).

[59] 石磊, 程罡, 李超, 等. 大规模私有型在线课程学习行为及其影响因素研究: 以国家开放大学网络课程学习为例 [J]. 中国远程教育, 2017 (4).

[60] 史新铭. MOOC 中的学习行为研究综述 [J]. 办公自动化, 2022, 27 (8).

[61] 宋秋前. 美国开放课堂理论和实践概述 [J]. 江西教育科研, 1998 (5).

[62] 宋云峰, 任鸽, 杨勇, 等. 基于注意力的多层次混合融合的多任务多模态情感分析 [J]. 计算机应用研究, 2022, 39 (3).

[63] 孙国栋, 陈幼平, 袁楚明, 等. 基于 VoIP 的设备共享与远程监测研究 [J]. 制造业自动化, 2006 (12).

[64] 孙曙光, 李勤, 杜太行, 等. 基于一维卷积神经网络的低压万能式断路器附件故障诊断 [J]. 电工技术学报, 2020, 35 (12).

[65] 孙月亚. 开放大学远程学习者在线学习行为的特征分析 [J]. 中

国电化教育，2015（8）.

[66] 唐慧丰，谭松波，程学旗. 基于监督学习的中文情感分类技术比较研究 [J]. 中文信息学报，2007，21（6）.

[67] 陶永，刘海涛，王田苗，等. 我国服务机器人技术研究进展与产业化发展趋势 [J]. 机械工程学报，2022，58（18）.

[68] 王传昱，李为相，陈震环. 基于语音和视频图像的多模态情感识别研究 [J]. 计算机工程与应用，2021，57（23）.

[69] 王帅琛，黄倩，张云飞，等. 多模态数据的行为识别综述 [J]. 中国图象图形学报，2022，27（11）.

[70] 王思遥. 教育实证研究的理论依据、争议与去向 [J]. 大学教育科学，2020（5）.

[71] 王一岩，王杨春晓，郑永和. 多模态学习分析："多模态" 驱动的智能教育研究新趋向 [J]. 中国电化教育，2021（3）.

[72] 王佑镁，王旦，梁炜怡，等. "阿拉丁神灯" 还是 "潘多拉魔盒"：ChatGPT 教育应用的潜能与风险 [J]. 现代远程教育研究，2023，35（2）.

[73] 魏艳涛，秦道影，胡佳敏，等. 基于深度学习的学生课堂行为识别 [J]. 现代教育技术，2019，29（7）.

[74] 夏瑜潞. 循环神经网络的发展综述 [J]. 电脑知识与技术，2019，15（21）.

[75] 萧潇. 在线开放课程中的规范化与个性化初探 [J]. 工业和信息化教育，2016，（11）.

[76] 肖亮荣. 从间接言语行为理论看 Searle 的语言哲学观 [J]. 山东外语教学，2000（3）.

[77] 谢应宽. B.F. 斯金纳强化理论探析 [J]. 贵州师范大学学报（自然科学版），2003（1）.

[78] 徐家臻, 邓伟, 魏艳涛. 基于人体骨架信息提取的学生课堂行为自动识别 [J]. 现代教育技术, 2020, 30 (5).

[79] 徐琳宏, 刘鑫, 原伟, 等. 俄语多模态情感语料库的构建及应用 [J]. 计算机科学, 2021, 48 (11).

[80] 许良. 亥姆霍兹、赫兹与维特根斯坦哲学 [J]. 复旦学报 (社会科学版), 1998 (6).

[81] 闫兴亚, 匡娅茜, 白光睿, 等. 基于深度学习的学生课堂行为识别方法 [J]. 计算机工程, 2023, 49 (7).

[82] 杨开城, 李文光, 胡学农. 现代教学设计的理论体系初探 [J]. 中国电化教育, 2002 (2).

[83] 杨丽, 吴雨茜, 王俊丽, 等. 循环神经网络研究综述 [J]. 计算机应用, 2018, 38 (S2).

[84] 杨现民, 王怀波, 李冀红. 滞后序列分析法在学习行为分析中的应用 [J]. 中国电化教育, 2016 (2).

[85] 叶继华, 祝锦泰, 江爱文, 等. 人脸表情识别综述 [J]. 数据采集与处理, 2020, 35 (1).

[86] 叶澜. 重建课堂教学价值观 [J]. 教育研究, 2002 (5).

[87] 叶瑞达, 王卫杰, 何亮, 等. 基于残差自注意力机制的航空发动机 RUL 预测 [J]. 光学精密工程, 2021, 29 (6).

[88] 易芳. 生态心理学之界说 [J]. 心理学探新, 2005 (2).

[89] 于文轩, 马亮, 王佃利, 等. "新一代人工智能技术 ChatGPT 的应用与规制"笔谈 [J]. 广西师范大学学报 (哲学社会科学版), 2023, 59 (2).

[90] 余凯, 贾磊, 陈雨强, 等. 深度学习的昨天、今天和明天 [J]. 计算机研究与发展, 2013, 50 (9).

[91] 俞浩, 孙燕. 人体行为识别局部描述方式 [J]. 计算机工程与设

计，2016，37（11）.

[92] 袁健，董光文. 多维特征融合的混合神经网络文本情感分析模型 [J]. 小型微型计算机系，2023，44（10）.

[93] 袁振国. 实证研究是教育学走向科学的必要途径 [J]. 华东师范大学学报（教育科学版），2017，35（3）.

[94] 曾子明，万品玉. 基于双层注意力和 Bi-LSTM 的公共安全事件微博情感分析 [J]. 情报科学，2019，37（6）.

[95] 张会珍，刘云麟，任伟建，等. 人体行为识别特征提取方法综述 [J]. 吉林大学学报（信息科学版），2020，38（3）.

[96] 张凯，薛嗣媛，周建设. 语言智能技术发展与语言数据治理技术模式构建 [J]. 语言战略研究，2022，7（4）.

[97] 张乐乐，顾小清. 多模态数据支持的课堂教学行为分析模型与实践框架 [J]. 开放教育研究，2022，28（6）.

[98] 张蕾. "五位一体"的语言智能外语教育系统构建研究 [J]. 海外英语，2023（23）.

[99] 张庆熊. 从"社会物理学"到"人性宗教的社会学"：论孔德实证社会学的内在张力 [J]. 哲学分析，2023，14（5）.

[100] 赵勤鲁，蔡晓东，李波，等. 基于 LSTM-Attention 神经网络的文本特征提取方法 [J]. 现代电子技术，2018，41（8）.

[101] 赵小明，杨轶娇，张石清. 面向深度学习的多模态情感识别研究进展 [J]. 计算机科学与探索，2022，16（7）.

[102] 赵云峰. 从一维集中走向多元发散：数学"自主开放式"教学的案例研究 [J]. 上海教育科研，2008（7）.

[103] 郑剑，郑炽，刘豪，等. 融合局部特征与两阶段注意力权重学习的面部表情识别 [J]. 计算机应用研究，2022，39（3）.

[104] 钟秉林，尚俊杰，王建华，等. ChatGPT 对教育的挑战（笔谈）

[J].重庆高教研究，2023，11（3）.

[105] 周飞燕，金林鹏，董军.卷积神经网络研究综述 [J].计算机学报，2017，40（6）.

[106] 周洪宇，李宇阳.ChatGPT 对教育生态的冲击及应对策略 [J].新疆师范大学学报（哲学社会科学版），2023，44（4）.

[107] 周建设，张凯，罗茵，等.语言智能评测理论研究与技术应用：以英语作文智能评测系统为例 [J].语言战略研究，2017，2（5）.

[108] 周建设.语义学的研究对象与学科体系 [J].首都师范大学学报（社会科学版），2000（2）.

[109] 周楠，周建设.基于深度学习的学生行为分析与教学效果评价 [J].现代教育技术，2021，31（8）.

[110] 周楠，周建设.语言智能场景下在线课程学习行为情感语义分析与效果评价 [J].现代教育技术，2023，33（8）.

[111] 朱光辉，王喜文.ChatGPT 的运行模式、关键技术及未来图景 [J].新疆师范大学学报（哲学社会科学版），2023，44（4）.

[112] 朱敏，姜芃旭，赵力.全卷积循环神经网络的语音情感识别 [J].声学技术，2021，40（5）.

[113] 邹芸竹，杜圣东，滕飞，等.一种基于多模态深度特征融合的视觉问答模型 [J].计算机科学，2023，50（2）.

[114] YING, HUANG, BO, et al.DARPA 人工智能技术研究情况一览 [J]. Chemosphere, 2019, 1.

（三）论文

[1] 陈雅淑.基于语音识别的多维课堂交互分析 [D].武汉：华中师范大学，2021.

[2] 付芳.高中生数学课堂学习行为研究 [D].武汉：华中师范大学，

2015.

[3] 高小军. 我国高校网络教育学习质量研究 [D]. 上海：华东师范大学，2022.

[4] 顾溢. 基于 BiLSTM-CRF 的复杂中文命名实体识别研究 [D]. 南京：南京大学，2019.

[5] 胡春阳. 传播的话语分析理论 [D]. 上海：复旦大学，2005.

[6] 李芳. 职业院校学生在线学习行为分析研究 [D]. 西安：陕西师范大学，2017.

[7] 李季. 基于深度强化学习的移动边缘计算中的计算卸载与资源分配算法研究与实现 [D]. 北京：北京邮电大学，2019.

[8] 梁燕玲. 比较教育实证分析范式的变迁及影响研究 [D]. 重庆：西南大学，2007.

[9] 刘超. 中国健康体育课程模式下体育课堂教学行为分析系统开发与实证研究 [D]. 上海：华东师范大学，2021.

[10] 刘婕. 言语产出多模态数据库建设研究 [D]. 上海：上海师范大学，2019.

[11] 刘梦玉. 基于情境意识的视障人群出行伴护产品设计研究 [D]. 广州：华南理工大学，2020.

[12] 罗飞雄. 基于 TextRank 的自动文摘算法的研究与应用 [D]. 西安：西安电子科技大学，2020.

[13] 罗珍珍. 课堂教学环境下学生学习兴趣智能化分析 [D]. 武汉：华中师范大学，2018.

[14] 马欣悦. 高职学生学习者特征及教学策略研究 [D]. 上海：华东师范大学，2021.

[15] 彭文辉. 网络学习行为分析及建模 [D]. 武汉：华中师范大学，2012.

[16] 彭文辉. 网络学习行为分析及建模 [D]. 武汉：华中师范大学，2012.

[17] 彭永超. 基于 Android 的车载语音助手设计与实现 [D]. 北京：北京交通大学，2019.

[18] 彭永超. 基于 Android 的车载语音助手设计与实现 [D]. 北京：北京交通大学，2019.

[19] 腾讯研究院，中国信息通信研究院互联网法律研究中心，腾讯 AI Lab，等. 人工智能 [M]. 北京：中国人民大学出版社，2017.

[20] 王春华. 教学设计的理性及其限度 [D]. 济南：山东师范大学，2014.

[21] 魏媛媛. 融合主题信息的抽取生成式摘要技术研究与应用 [D]. 曲阜：曲阜师范大学，2021.

[22] 温万惠. 基于生理信号的情感识别方法研究 [D]. 重庆：西南大学，2010.

[23] 谢环. 基于特征选择与融合的语音情感识别研究与实现 [D]. 南京：南京航空航天大学，2008.

[24] 宣守盼. 多模态情感数据库的研究与建立 [D]. 上海：华东理工大学，2013.

[25] 杨瑞森. 基于深度学习的中文命名实体识别模型研究 [D]. 郑州：郑州轻工业大学，2023.

[26] 杨渊博. 学生课堂行为视频观察记录系统关键技术研究 [D]. 长沙：国防科学技术大学，2015.

[27] 余嘉云. 生态化教学的理论与实践研究 [D]. 南京：南京师范大学，2006.

[28] 张丹妮. 基于双路特征和 GANs 数据扩充的 Android 恶意软件检测方法研究 [D]. 太原：山西大学，2023.

［29］张诗雅. 课堂有效学习的指导策略研究［D］. 上海：上海师范大学，2015.

［30］周丰. 基于深度学习多特征融合的命名实体识别研究［D］. 长春：长春工业大学，2021.

［31］朱优红. 教育生态学视野下的高校思想政治理论课课堂生态建构［D］. 厦门：华侨大学，2013.

（四）其他文献

［1］王彩玲，闫晶晶，张智栋. 基于多模态数据的人体行为识别方法研究综述［J/OL］. 计算机工程与应用，2024-04-27.

［2］袁家政，刘宏哲，徐成，等. 基于深度学习的人体行为识别研究综述［C］// 中国计算机用户协会网络应用分会2020年第二十四届网络新技术与应用年会论文集. 北京：中国计算机用户协会，2020：7.

［3］周建设. 加快科技创新攻关语言智能［N］. 人民日报，2020-12-21（19）.

［4］中华人民共和国教育部. 教育部关于加强高等学校在线开放课程建设应用与管理的意见［EB/OL］. 中华人民共和国教育部，2015-04-16.

［5］张霄军. 多模态语料库：抢救濒危语言的有效途径［C］// 中国中文信息学会民族语言文字信息专委会. 民族语言文字信息技术研究：第十一届全国民族语言文字信息学术研讨会论文集. 南京：南京师范大学文学院，2007.

二、英文文献

［1］AHMAD M, LEE S W. Variable silhouette energy image representations for recognizing human actions［J］. Image and Vision Computing, 2010, 28 (5).

[2] BAHDANAU D, CHO K, BENGIO Y. Neural machine translation by jointly learning to align and translate [J]. Computer Science, 2014.

[3] BENESTY J, SONDHI M M, HUANG Y. Springer handbook of speech processing [M]. Berlin: Springer-Verlag, 2008.

[4] BERTERO D, FUNG P. Predicting humor response in dialogues from TV sitcoms [C]//2016 IEEE international conference on acoustics, speech and signal processing (ICASSP). Shanghai: IEEE, 2016.

[5] BLEI D M, NG A Y, JORDAN M I. Latent Dirichlet allocation [J]. Journal of Machine Learning Research, 2003, 3.

[6] BLIKSTEIN P, WORSLEY M. Multimodal learning analytics and education datamining: Using computational technologies to measure complex learning tasks [J]. Journal of Learning Analytics, 2016 (2).

[7] BUSSO C, BULUT M, LEE C C, et al. IEMOCAP: Interactive emotional dyadic motion capture database [J]. Language Resources and Evaluation, 2008, 42 (4).

[8] CARVER L, MUHKERJEE K, LUCIO R . Correlation between grades earned and time in online courses [J]. Online Learning, 2017, 21 (4).

[9] DEERWESTER S C, DUMAIS S T, LANDUER T K, et al. Indexing by latent semantic analysis [J]. Journal of the Association for Information Science & Technology, 1990, 41 (6).

[10] EKMAN P, FRIESEN W V. Constants across cultures in the face and emotion [J]. Journal of Personality and Social Psychology, 1971, 17 (2).

[11] EKMAN P, FRIESEN W V. Facial action coding system (FACS): A technique for the measurement of facial actions [J]. Rivista Di Psichiatria, 1978, 47 (2).

[12] FAN Y, LU X J, LI D, et al. Video-based emotion recognition using

CNN – RNN and C3D hybrid networks [C] // Proceedings of the 18th ACM international conference on multimodal interaction. New York: ACM, 2016: 445 – 450.

[13] FUJIYOSHI H, LIPTON A J. Real – time human motion analysis by image skeletonization [C] // Proceedings fourth IEEE workshop on applications of computer vision. Princeton: IEEE, 1998.

[14] FU R, WU T T, LUO Z Y, et al. Learning behavior analysis in classroom based on deep learning [C] // 2019 tenth international conference on intelligent control and information processing (ICICIP). Marrakesh: IEEE, 2019.

[15] Gobl C, Chasaide A N. The role of voice quality in communicating emotion, mood and attitude [J]. Soil Mechanics and Foundation Engineering, 2003, 40 (1/2).

[16] HAZARIKA D, GORANTLA S, PORIA S, et al. Selfattentive feature–level fusion for multimodal emotion detection [C]. Piscataway: IEEE, 2018.

[17] HEILBRON F C, ESCORCIA V, GHANEM B, et al. ActivityNet: A large–scale video benchmark for human activity understanding [C] // Proceedings of the IEEE conference on computer vision and pattern recognition. Boston: IEEE, 2015.

[18] HOFMANN T. Probabilistic latent semantic analysis [C] // Proceedings of the 15th conference on uncertainty in artificial intelligence. San Mateo: Morgan Kaufmann, 1999.

[19] CAO J T, WANG P Y, CHEN S Q, et al. Two–person interaction recognition based on video sparse representation and improved spatio – temporal feature [C] // Intelligent robotics and applications: 12th international conference, ICIRA 2019, Shenyang, China, August 8 – 11, 2019, proceedings, part V

12. Berlin: Springer International Publishing, 2019.

[20] JI S W, XU W, YANG M, et al. 3D convolutional neural networks for human action recognition [J]. IEEE Transactions on Pattern Analysis & Machine Intelligence, 2013, 35 (1).

[21] JOHANSSON G. Visual motion perception [J]. Scientific American, 1975, 232 (6).

[22] JOO Y J, SO H J, KIM N H. Examination of relationships among students' self determination, technology acceptance, satisfaction, and continuance intention to use K-MOOCs [J]. Computers & Education, 2018, 122.

[23] JUNG H, LEE S, YIM J, et al. Joint fine-tuning in deep neural networks for facial expression recognition [C] // Proceedings of the 2015 IEEE international conference on computer vision. Washington D. C: IEEE Computer Society, 2015.

[24] KIM D H, BADDAR W J, JANG J, et al. Multi-objective based spatiotemporal feature representation learning robust to expression intensity variations for facial expression recognition [J]. IEEE Transactions on Affective Computing, 2017, 10 (2).

[25] LIANG D, LIANG H, YU Z, et al. Deep convolutional BiLSTM fusion network for facial expression recognition [J]. The Visual Computer, 2020, 36 (3).

[26] LIN C P, ANOL B. Learning online social support: An investigation of network information technology based on UTAUT [J]. Cyberpsychology & Behavior, 2008, 11 (3).

[27] LI Q, HE X Z, WANG W G, et al. AeMFace: Additive E-margin loss for deep face recognition [C] // 2019 IEEE international conference on signal, information and data processing (ICSIDP). Chongqing: IEEE, 2019.

［28］LIU B Y, DENG W H, ZHONG Y Y, et al. Fair loss: Margin-aware reinforcement learning for deep face recognition ［C］// 2019 IEEE/CVF international conference on computer vision (ICCV). Seoul: IEEE, 2019.

［29］LIU H, ZHU X Y, LEI Z, et al. Adaptiveface: Adaptive margin and sampling for face recognition ［C］// 2019 IEEE/CVF conference on computer vision and pattern recognition (CVPR). Long Beach: IEEE, 2019.

［30］LOPES A T, AGUIAR E D, SOUZA A F D, et al. Facial expression Recognition with convolutional neural networks: Coping with few data and the training sample order ［J］. Pattern Recognition, 2017, 61.

［31］LYNCH J. Higher education ［J］. Research & Development, 2008, 27.

［32］MADASU A, RAO V. Sequential learning of convolutional features for effective text classification ［C］// In proceedings of the 2019 conference on empirical methods in natural language processing and the 9th international joint conference on natural language processing (EMNLP - IJCNLP). Hong Kong: Association for Computational Linguistics, 2019.

［33］MCDERMOTT P A. National scales of differential learning behaviors among American children and adolescents ［J］. School Psychology Review, 1999, 28 (2).

［34］MEHRABIAN A, RUSSELL J A. An approach to environmental psychology ［M］. Cambridge: MIT, 1974.

［35］MOLLAHOSSEINI A, CHAN D, MAHOOR M H. Going deeper in facial expression recognition using deep neural networks ［C］// 2016 IEEE Winter conference on applications of computer vision (WACV). Lake Placid: IEEE, 2016.

［36］MOSTEFA D, MOREAU N, CHOUKRI K, et al. The CHIL

audiovisual corpus for lecture and meeting analysis inside smart rooms ［J］. Language Resources & Evaluation, 2007 (41).

［37］ OLIVEIRA A N. Stock market sentiment lexicon acquisition using microblogging data and statistical measures－ScienceDirect ［J］. Decision Support Systems, 2016, 85 (C).

［38］ PAN X Z, ZHANG S Q, GUO W P, et al. Video－based facial expression recognition using deep temporal－spatial networks ［J］. IETE Technical Review, 2020, 37 (4).

［39］ PRIETO L P, SHARMA K, DILLENBOURG P, et al. Teaching analytics: Towards automatic extraction of orchestration graphs using wearable sensors ［C］// Proceedings of the sixth international conference on learning analytics & knowledge. New York: Association for Computing Machinery, 2016.

［40］ REN H B, XU G Y. Human action recognition in smart classroom ［C］// Proceedings of fifth IEEE international conference on automatic face gesture recognition. Washington D. C: IEEE, 2002.

［41］ RIQUELME, FABIAN M, ROBERTO MAC L, et al. Using multimodal learning analytics to study collaboration on discussion groups. A social network approach ［J］. Universal Access in the Information Society, 2019, 18 (3).

［42］ RUDOLPH J, TAN S, TAN S. ChatGPT: Bullshit spewer or the end of traditional assessments in higher education? ［J］. Journal of Applied Learning and Teaching, 2023, 6 (1).

［43］ SCHERER S, WORELEY M. 1st international workshop on multimodal learning analytics: Extended abstract ［C］// Proceedings of the 14th ACM international conference on multimodal interaction. New York: ACM, 2012.

［44］ SEPAS－MOGHADDAM A, ETEMAD S A, PEREIRA F, et al.

Facial emotion recognition using light field images with deep attention - based bidirectional LSTM [C] // Proceedings of the IEEE 2020 international conference on acoustics. Piscataway: IEEE, 2020.

[45] TAN S. Analysing student engagement with 360-degree videos through multimodal data analytics and user annotations [J]. Technology, Pedagog and Education, 29 (5).

[46] VERMA M, KOBORI H, NAKASHIMA Y, et al. Facial expression recognition with skip-connection to leverage low-level features [C] // 2019 IEEE international conference on image processing (ICIP). Taipei: IEEE, 2019.

[47] VUJOVIC M, TASSANI S, HERNÁNDEZ-LEO D. Motion capture as an instrument in multimodal collaborative learning analytics [C] // European conference on technology enhanced learning. Cham: Springer International Publishing, 2019.

[48] WANG H, SCHMID C. Action recognition with improved trajectories [C] // Proceedings of the IEEE international conference on computer vision (ICCV). Sydney: IEEE, 2013.

[49] WANG M C, HAERTEL G D, WALBERG H J. What influences learning? A content analysis of review literature [J]. Journal of Educational Research, 2015, 84 (1).

[50] WU D M, DANG D L, WANG J. Recognition of students combining features of Zernike moment and optical flow [C] // 2016 2nd IEEE international conference on computer and communications (ICCC). Chengdu: IEEE, 2016.

[51] YOLCU G, OZTEL I, KAZAN S, et al. Deep learning-based facial expression recognition for monitoring neurological disorders [C] // 2017 IEEE international conference on bioinformatics and biomedicine (BIBM). Kansas City: IEEE, 2017.

[52] YOUNG K M, GWINNUP J N, ORE B M, et al. Speech and language and language translation (SALT) [J]. Speech & Language & Language Translation, 2012.

[53] YU Z B, LIU G C, LIU Q S, et al. Spatio-temporal convolutional features with nested LSTM for facial expression recognition [J]. Neurocomputing, 2018, 317.

[54] ZHAO H, YING X H, SHI Y J, et al. RDCFace: Radial distortion correction for face recognition [C] // 2020 IEEE/CVF conference on computer vision and pattern recognition (CVPR) . Seattle: IEEE, 2020.

[55] ZHOU P, SHI W, TIAN J, et al. Attention-based bidirectional long short-term memory networks for relation classification [C] // Proceedings of the 54th annual meeting of the association for computational linguistics (volume 2: short papers). Berlin: Association for Computational Linguistics, 2016.

[56] ZHU Q N, JIANG X F, YE R Z. Sentiment analysis of review text based on BiGRU-attention and hybrid CNN [J]. IEEE Access, 2021, 9.